てっぱく発 鉄道物語

荒木文宏　奥原哲志

ニア新書　998

はじめに

子どものころから鉄道が好きだった私は、父が国鉄職員だったので、大阪府吹田市の社宅(当時は官舎といいました)で高校を卒業するまでを過ごしました。

なぜ鉄道が好きになったのかを思い返してみましたが、吹田市には国鉄東海道本線の吹田駅に隣接して大きな貨物列車の操車場や機関区があり、保線区や鉄道工場もあってさながら鉄道の町であったことで、鉄道に関する興味には十分応えてくれたからではないかと思います。操車場や機関区では蒸気機関車が忙しく行き来し活気のある鉄道の様子を見られ、東海道本線では当時の花形の特急である蒸気機関車の引く「つばめ」や「はと」が驀進《ばくしん》していました。勉強はそっちのけで暇さえあれば線路端へ行き、機関車の形式や番号をノートに記録し、変わった形式が来れば胸を躍らせていました。

黒い機関車の運転台に座った機関士の白い腕章に憧れ、いつかは付けて機関車を操縦してみたいと思いました。後で聞いた話ですが、父は小さな私を抱いてしょっちゅう線路端で列車（当時は汽車といった）を見せていたとのことでした。鉄道員である自分の「跡継ぎにしようとしたのではない」ということでしたが、本当でしょうか。

私たちが日常的に利用する鉄道は1872（明治5）年に新橋〜横浜間で営業を開始し、今年10月で153年になります。鉄道は日本の国の発展に大きく貢献するとともに、国民に愛されてきました。小説や映画の題材になったり、人々を勇気づけたり、人々と鉄道は常に一緒に歩んできたと言えるのではないでしょうか。

鉄道が取り持つ縁については枚挙にいとまがありません。太平洋戦争の敗戦で世の中が止まってしまったようになり、人々が打ちひしがれているときにどこからか蒸気機関車の汽笛が聞こえてきて、日本はまだ生きていると気付かされ、復興に向かう勇気が湧いてきたというエピソードは全国で聞かれたようです。鉄道は終戦の日にも動いていたのです。

日本の鉄道の発達経緯は欧米とは異なり、「馬車文化」の無い「徒歩文化」からのスタートであったため、安全の考え方や列車の運転に関わる考え方が欧米と異なる独特の進化を遂げています。馬車文化のある国では運行の安全を御者（馬という動力車の操縦者）の注意力に任せ、徒歩文化の日本では動力車の操縦経験がなかったため、操作マニュアルや機械による安全装置を整備し、絶対に近い安全を確保するというように、進化の過程が異なっています。日本では、私たちは当たり前と思っている安全で正確な運転が行われており、定時運転やおもてなしの精神は海外からの旅行者に称賛されています。

鉄道の旅には移動するという目的のほかに、車窓からの雄大な自然の風景や、新幹線では少し難しいのですが、すぐ近くに見知らぬ街並を見られ、車内で食事ができるなどの楽しみがあり人々を魅了しています。このため最近では豪華なクルーズトレインやレストラン列車などが運転されています。

２０１６年の年頭のある日、朝日新聞さいたま総局の森記者（当時）から、「さいたま版に埼玉の鉄道についての連載コラムを考えているが、書かないか」と打診がありました。鉄道博物館を知っていただく絶好のチャンスだと思い、お受けすることにしました。そして月１回の掲載でしたが、２年目の終わり頃から当館の主幹学芸員である奥原と共同執筆をすることにしました。主に私が技術に関するもの、奥原が歴史に関するものとそれぞれの専門領域を担当することにしました。

はじめのうちは主に埼玉地区に関する話題で記事を構成していましたが、回を重ねていくうちに鉄道全般を取り上げるようになりました。そして今回、岩波書店から書籍化のお話をいただき本書の出版となりました。鉄道の歴史や技術の変遷など6つのジャンル別に編集しています。

鉄道が好きという人は多いのですが、鉄道が嫌いという人はあまりいないような気がします。身近なものであるがゆえ鉄道の歴史や運行の仕組みに特別な意識を向けていない人が多いように思われます。でも、ふとした時になぜこうなっているのだろうと疑問が湧くことがあるのではないでしょうか。本書ではそのような疑問に答えることや、これからの鉄道が進もうとしている方向、最新技術のあらましなどを紹介することを心掛けています。

2025年1月

鉄道博物館副館長　荒木文宏

目　次

＊本書は、朝日新聞埼玉版に連載中の「てっぱく発 鉄路さいさい（埼彩）」2016年4月～2024年7月までの記事に一部加筆・修正の上、まとめたものです。

＊現在も続く連載の執筆は、荒木文宏さん（鉄道博物館副館長 本文中☆印）、奥原哲志さん（鉄道博物館主幹学芸員 本文中★印）のお二人が担当されています。

＊クレジットのない写真は、すべて鉄道博物館所蔵のものです。

＊初出時の情報に変化が生じた事項（車両の引退・路線建設等）については、その後の状況を追記しました。

1章

車両あれこれ

蒸気機関車
驀進する姿に、自らの成長を重ねて

驀進《ばくしん》する。この言葉に、皆さんは何を感じますか。私は子どもの頃に線路端で見た蒸気機関車を思い浮かべます。長い客車や貨車を引いて轟音《ごうおん》・地響きとともに近づき、走り去っていく光景です。大阪駅を発車する日本最大のC62形や、吹田《すいた》操車場を発車するD52形に私は心を揺さぶられ、いつか運転してみたいと思うようになりました。

私が国鉄（日本国有鉄道の略称）に入社し、初めて蒸気機関車に乗務したのは１９６６年。兵庫県豊岡市から天橋立《あまのはしだて》方面に伸びる当時の宮津線で、C58形で貨物列車を牽引《けんいん》しました。

初めは大変でした。自動車のアクセルにあたる加減弁ハンドルを力を込めて少し引くと、ショックなしに機関車がそろりと始動。「あっ動いた！」と感動しました。しかし、それもつかの間、指導役の機関士から「君、出発信号機を再確認したか？」と怒鳴られました。機器の操作に夢中になるあまり、前方をまったく見ていなかったのです。

力強いブラスト音（煙突から蒸気を排出する音）を響かせ、勇壮に速度を上げていく——子ど

C62 形蒸気機関車が牽引する特急「つばめ」(1954 年，山科～京都間)

もの頃から描いていたそんな姿とはほど遠く、実際の最初の運転は、ガラガラという音に包まれて機関車が前後左右に大きく揺れる感覚しかありませんでした。

それでも経験を積み、気持ちに余裕が出てくると、「ボッ！　ボッ！」というブラスト音が聞こえ、動輪を動かすロッドの動きも窓から見えるようになりました。運転時刻や機関助士の動作にも目配りができると、ようやく「蒸気機関車を運転しているぞ」という実感がわきました。

「驀進」が始まった瞬間でした。

（☆／2016年4月9日）

迫力の黒煙
ファンは期待、実は機関士泣かせ

蒸気機関車は「生きて」います。シリンダーとピストンで一生懸命に動輪を回す様子は、人が力いっぱい前に進もうとする姿そのもの。煙突から響くブラスト音は、まるで人の息づかいのようです。傍らに寄れば「体温」もジワジワ。人間っぽいところが、根強い人気の理由なのでしょう。

煙突から出る真っ黒な煙も人気があります。勢いよく噴き出して走るのが「格好いい」ようです。でも、プロの見方は違います。缶焚《かまた》きが下手なのか、いい加減な焚き方をしているのだろう、と見ます。「格好悪い」のです。

石炭の質にもよりますが、実は丁寧に石炭をくべて完全燃焼させると黒煙はあまり出ません。一方、くべすぎて不完全燃焼となり、石炭の無駄遣いをすると黒煙が出て周囲にすすを撒《ま》き散らしてしまいます。多くの石炭を一度にくべなければならない急な上り坂などを除き、段取りさえよければあまり黒煙を出すことはありません。

天皇・皇后陛下らが乗られる「お召列車」は最良質の石炭に、技量の高い機関士と機関助士が選ばれるので黒煙は出ませんでしたが、「迫力ある写真が撮れない」としばしば失望の声を聞きました。

高崎で機関車に添乗した時、鉄道ファンから「黒煙を出す場所」を指定されたことがあります。やむなく補助用の重油をわざと不完全燃焼させて黒煙をモクモク。今となっては笑い話ですが、これには検査修繕部門から苦情がきました。重油で黒煙を出すと、ボイラーの煙管《えんかん》に油煙《ゆえん》がついて処理に困り、蒸気の上がり具合も悪くなるからです。

鉄道ファンと検査修繕部門との板挟みに、機関車乗務員としてのプライドも加わり、大いに悩みました。

（☆／2016年5月14日）

黒煙を吐き出すD51形蒸気機関車(1955年，信越本線)

蒸気機関車と火事
強力な給水ポンプが、消火に一役

蒸気機関車は石炭を燃やして走るため、煙突から火の粉が出て、それが沿線の住宅や森林などに燃え移って火事になることがありました。このため、新しく鉄道を敷設《ふせつ》しようとすると、火事を心配する沿線住民に反対されることもありました。

その一方で、蒸気機関車が消火に一役買うこともありました。高圧の蒸気が充満しているボイラーに水を送るための強力な給水装置を装備しているからです。

2つの出来事を紹介します。まず1928年頃、北海道の宗谷《そうや》本線の士別《しべつ》駅でのこと。函《はこ》館《だて》行きの夜行列車が発車しようとしていたところ、約20m離れた倉庫が燃えているのを発見。C51形蒸気機関車が放水し、2~3分で消し止めたそうです。

1971年には、岐阜県多治見市の中央本線古虎渓《ここけい》駅付近で起きた山火事を、やはりD51形が消し止めました。消防車が入れない線路際で、給水ポンプを使って広範囲の火事を消し止めるという大活躍だったそうです。他にも多くの「手柄話」が残っています。

私は１９６７年頃、大阪府の東海道本線の高槻《たかつき》駅付近で深夜に電気機関車を運転中、線路に近い工場の屋根から炎が上がっているのを発見したことがあります。列車を止めても消火する方法がないため、近くの摂津《せっつ》富田《とんだ》駅に臨時停車して駅員に連絡し、消防署に通報してもらいました。当時は列車無線がなかったので仕方ありません。でも、消火栓のついた蒸気機関車なら現場で消火活動ができたかもしれません。

C57形 135号機の給水ポンプに取り付けられた消火用栓（中央）

Ｃ51形は最大17ｔ、Ｄ51形は22ｔ、Ｃ57形は17ｔの水を炭水車に積めるようになっています。鉄道博物館に展示されているＣ57形１３５号機（１９４０年製造）の給水ポンプには、戦時中の空襲対策として消防ホースがつなげるよう消火用の栓が取り付けられています。

（☆／２０１６年９月３日）

クルーズトレイン
広い展望室や窓があると乗っている間も楽しい

最近、新幹線などで早く目的地に着いてゆっくり観光したいという趣向から、列車に乗っている間も楽しみたいという人が増えてきています。

2013年にJR九州がホテルを兼ねて観光地を巡る豪華列車「ななつ星in九州」を運転開始。2017年5月にはJR東日本が「トランスイート四季島」、6月にはJR西日本が「トワイライトエクスプレス瑞風《みずかぜ》」と名付けたクルーズトレインの運転を始めました。それぞれ外の景色を展望できる構造となっています。外の景色を展望する構造の車両は昔からありました。1912(明治45)年から運転された特急列車には「展望車」と呼ばれる車両が最後尾に連結されました。客室の窓を大きくし、車両の端にはオープンデッキを設けて見晴らしを良くしたもの。デッキへ出て、ホームからの見送りを受ける人たちの写真がたくさん残されています。デッキのついた展望室に入れるのは1等車の乗客に限られていたので、いわば「超セレブ」の社交場みたいなものだったようです。

鉄道博物館では、特急「富士」や「燕《つばめ》」に使用されたマイテ39形の展望車を展示しています。「桃山式」と呼ばれる和風建築を模した内装で、柱や天井を漆《うるし》で塗り、金具や絹織物を使った多くの飾りをつけています。これは海外からの観光客には評判が良かったのですが、日本人には仏壇か霊柩車《れいきゅう》みたいという印象を持たれていたようです。列車の最後尾に連結することで広い展望が得られましたが、終着駅に到着した後、そのまま折り返すと展望車が最後尾になりません。このため東京や大阪など始発・終着となるターミナル駅ではループ状、もしくはスイッチバックできる線を利用し、その都度、列車全体を逆向きにしていたのです。

（☆／2017年2月18日）

1930年に製造されたマイテ39形の展望室

ブルトレの先駆け「ナハネフ22形」
解体免れた1号車　鉄道博物館で余生

１９５０年代から東海道・山陽本線で運転していた夜行特急「あさかぜ」は、１９５８年には青色の20系と呼ばれる新型客車に置き換えられました。ブルートレインの先駆けです。当初は座席車も組み込まれていましたが、１９６４年に食堂車を除く全車両を寝台車としたときから「ナハネフ22形」が連結されるようになりました。車掌室がついた2等寝台（現在のB寝台車）は最後尾に小さな展望室もありました。

このナハネフ22形の1号車と、私は深い縁があります。１９９６年から工場長として勤務した当時のJR大船工場（神奈川県）に保存されていたのです。

ある日、廃車解体職場の責任者が私に「ナハネフ22を解体したい」と言いました。私はやめるよう伝えました。客車の歴史上、貴重であるうえ、１９８６年に廃車後、大船工場の人たちが色を塗り直したり手入れをしたりして、ほぼ現役時代のままの状態で大切に保存していたからです。

当時、鉄道博物館の建設計画はなく、保存の将来的な展望もありませんでした。しかしここで解体してしまえば、客車の検査・修繕も担ってきた大船工場の「記念碑」も失われてしまう。ブルートレインの先駆けの車両は何としても残すべきだ、と感じたのです。

時を経て、私は鉄道博物館建設プロジェクトに参加し、ナハネフ22形の展示計画を知りました。早速、鎌倉総合車両センターへと名称が変わった大船工場に行き、同車が搬出《はんしゅつ》される瞬間に立ち会いました。その後、鉄道博物館に着任。我が子に再会したような感動に浸りながら青い車体を撫《な》でたことを思い出します。ナハネフ22形が「歴史の証人」として末永く展示されることを望んでいます。

（☆／２０１７年４月１日）

鉄道博物館に展示されているナハネフ22形１号車

貴重な遺産、ナデ6110形電車
2本の「昆虫の触角」に注目

国宝や重要文化財といえば、歴史的建造物や高貴な仏像などが思い浮かびますが、実は鉄道車両なども国の重要文化財に指定されています。

鉄道博物館の収蔵資料ではこれまで、国内初の蒸気機関車「1号機関車」など3件が指定されています(2025年現在は5件)。それらに加え、大正期製造の通勤形電車「ナデ6141号電車(ナデ6110形)」がこのほど、電車では初めて重要文化財に指定されました。

ナデ6110形は当時、山手線や中央線で急増していた通勤・通学客を輸送するため、車輪が2軸付いた台車を2組使った「ボギー式」を採用し、車体を約16mと大型化しました。定員も92人とし、乗降扉も片側3カ所に増やしました。さらに車両を連結し、運転士1人で1編成をすべてコントロールできる仕組みを本格採用しています。

特に注目してほしいのは屋根の上です。電気を通す長さ約3mのポールが前後に2本ずつ並んで付いていて、進行方向に向かって後ろ側の2本が架線に接触するようになっています。

昆虫の触角のようなナデ6110形のポール

最近の電車は1本の架線から電気を取り入れ、モーターを回した電気をレールを通じて変電所に送り返していますが、ナデ6110形は2本の架線の一方から電気を取り入れ、もう一方から変電所へ送り返していたのです。レールは信号装置の電気回路として使いました。電車の運転回数を増やすため、信号装置を取り付ける必要があったからです。現在の、電車を走らせる電気回路と信号装置を作動させる電気回路を同じレールに組み込む技術は、大正期にはまだ実用化されていませんでした。
ナデ6110形は鉄博で地味にたたずんでいますが、昆虫の触角のようなポールも実は貴重な資料なのです。

（☆／2017年4月22日）

除雪車
押しのける、飛ばす　冬の熱き闘い

冬本番のこの時期、北海道や東北、北陸などは連日のように降雪に見舞われ、生活への影響は甚大です。２０１８年は首都圏にも積雪があり、交通機関に大きな影響が出ました。鉄道は大雪に弱く、線路上の雪を取り除かなければ自力で走れません。鉄道会社では「雪との闘い」とも呼ばれ、比較的少ない雪は人力で除き、積雪が多ければ除雪車を出動させます。雪下ろしや道路の除雪と同様、大変な労力を伴います。

日本では、１８８０(明治13)年に開業した北海道の幌内《ほろない》鉄道で、機関車の前方に雪をよける「除雪器」という大きな鉄板を取り付けたのが除雪車の起源とされています。北の大地らしく壮絶な「雪との闘い」の始まりでした。その後、明治の末に米国からラッセル車、大正にはロータリー車が輸入され、豪雪地帯で活躍しました。こうした優れた除雪車が国産化されたのは昭和に入ってからです。

ラッセル車とロータリー車は、近年まで除雪車の主流でした。ラッセル車は線路上に積も

った雪を線路脇へ押しのける方式で、ロータリー車は回転する羽根車によって線路脇にたまった雪を遠く離れた場所へ飛ばします。かつては、それぞれ専用の除雪車が蒸気機関車に押されて除雪していました。その後ディーゼル機関車に除雪装置を取り付けて除雪する時代を経て、現在は冬場になると自走する保線用の機械で除雪をしています。除雪しない時は保線作業で使われます。

1976年まで豪雪地帯で活躍したロータリー式除雪車キ600形(1957年)

首都圏などが降雪に見舞われると、列車が走行するレールを切り替える分岐器(ポイント)の付近に雪が挟まったり凍結したりして、分岐器が動かなくなることがあります。このため電気ヒーターなどの凍結防止装置を取り付け、万が一の事態に備えているのです。

(☆／2018年2月3日)

「新時代のエース」E1系
オール2階建て、本流になれず

鉄道博物館では2018年7月の南館オープンに先立ち、3月14日から東北・上越新幹線で活躍したE1系の先頭車両を展示しました。1994年に登場した初のオール2階建て新幹線電車です。

当時、新幹線通勤・通学が増えていましたが、東京駅の新幹線ホームは1面2線しかないため増発が困難で、1編成あたりの輸送力アップが課題でした。そこで2階建て車両が開発され、12両編成で定員は何と1235人でした。

計画段階では200系、400系に次ぐ600系でしたが、JR東日本初の新幹線開発となるため、EAST（東）の頭文字をとってE1系とし、Max《マックス》（Multi Amenity Express）という響きのよい愛称も付きました。「新時代のエース」といったところでしょうか。

E1系は朝夕の通勤・通学時間帯に威力を発揮しました。しかし、昼間は空席も目立ったほか、山形・秋田新幹線に乗り入れる車両とは連結できず、最高速度も240㎞/hどまりに。

鉄道博物館の横を走るE1系(2012年，大宮〜熊谷間)

さらに車窓の景観がいま一つの1階席の利用は芳しくなく、結局6編成しか製造されませんでした。その後、オール2階建て新幹線車両の主役は、より柔軟に使えるよう開発された8両編成のE4系に取って代わられました。

E1系は2012年に運行を終え、E4系も2021年10月に引退しました。大きな夢と期待を乗せた「新時代のエース」は多くの人を運べたものの、高速化対応などが実現できなかったため、時代の本流には乗れなかったのです。

(★／2018年11月16日)

新幹線400系とE5系
博物館までの車両輸送に苦心

2018年7月にオープンした鉄道博物館の南館1階には、2両の新幹線車両が展示されています。正面左側の小ぶりな車両は山形新幹線で活躍した400系です。在来線の線路幅を新幹線と同じにして車両を直通させる「ミニ新幹線」の第1号で、1992年から「つばさ」として運転を開始し、2010年に引退しました。

右側は東北新幹線の「はやぶさ」などとして活躍中のE5系で、JR東日本を代表する大人気の新幹線車両です。E5系は現役のため展示できる車両がありません。このため、走行機器などを除き実物とまったく同じように山口県の車両メーカーに製造を依頼しました。

この2両、一体どうやって博物館まで運んだのでしょうか?

廃車された車両と、実物同様のモックアップ(原寸模型)のため、レール輸送はできません。そこで400系は保管されていた福島県から2日がかりで道路輸送され、E5系は車両メーカーから船で川崎港へ、そこから博物館まで道路で運ばれました。鉄道車両は特大のため深

民家の柵をかすめて輸送されるE5系のモックアップ(2017年，さいたま市大宮区)

夜にしか運べず、作業はいずれも2017年12月の深夜に行われました。

新幹線を運ぶトレーラーは全長30m超で、高さも5m近くになります。このサイズでも通行できる、支障物のない大きな道路を選ぶ必要がありました。とりわけ大変なのは交差点での右左折です。周囲の交通が途絶えるのを待って、係員が誘導しながら道幅をいっぱいに使って曲がります。周囲の建物まで10㎝ほどしか離れていない場所もあるなどギリギリの作業でした。現在、2両は当たり前のように展示されていますが、その大きさゆえに、博物館に運び込まれるまでは輸送のプロによる大変な苦労があったのです。

（★／2018年9月15日）

運ぶものにあわせ、貨車いろいろ
鮮魚や家畜、日用雑貨も運んだ

鉄道博物館東側の高崎線では多くの貨物列車が運転され、機関車に引かれる貨車はいろいろな荷物を収めたコンテナを積むコンテナ車、ガソリン類を積んだタンク車が大部分を占めています。しかし、かつてはさまざまな貨車がありました。

明治時代から昭和30年代頃までは、陸上で大量の貨物を運べる交通機関は鉄道しかなく、鉄道路線の延伸に合わせ、ほぼ全国各線で貨物輸送が行われていました。積み荷は石炭や石油、石灰、木材、鉄鋼などの原材料をはじめ、米や野菜、鮮魚などの食料、牛、豚、鶏といった家畜、工業製品から日用雑貨まで、ありとあらゆる物資でした。

それに合わせてさまざまな用途の貨車も開発され、屋根付きで多種多様な貨物を運ぶ有蓋《ゆうがい》車、天候の影響を受けない貨物を運ぶ屋根のない無蓋車、ガソリンなど油類を運ぶタンク車、セメントなどを運ぶホッパ車、石炭を運ぶ石炭車、野菜や果物を運ぶ通風車、鮮魚や肉・牛乳などを運ぶ冷蔵車、動物を運ぶ家畜車、生きた魚を運ぶ活魚車なども活躍していたのです。

今では考えられないほどのバリエーションです。

中でも鮮魚を運ぶ冷蔵車は、魚が主食だった日本人の食生活に欠かせない貨車でした。明治末年に登場して遠隔地の漁港から都市部の魚市場へと鮮魚を送り届けました。最近話題になった東京の築地市場も、鉄道で鮮魚や青果を運ぶ前提で造られていました。市場の中まで線路が引かれ、建物は市場内まで乗り入れてきた貨物列車が横付けできるよう線路に沿って半円形を描いていたのです。

（★／2018年11月16日）

小諸駅（長野）から大分駅に向かう家畜車．ヤギに水や餌を与え，排泄物処理などをする世話人も乗り込んでいた（1955 年）

ED40形電気機関車
碓氷峠で活躍、武骨な「力持ち」

鉄道博物館に展示されているED40形10号電気機関車が2018年10月末、国の重要文化財に指定されました。1号機関車、1号御料車(初代)、鉄道古文書、ナデ6141号電車に続き、鉄博にあるものでは5件目となります。

信越本線の横川〜軽井沢間の急勾配《きゅうこうばい》区間専用の電気機関車として、1921(大正10)年に鉄道省大宮工場(現JR東日本大宮総合車両センター)で製造。この区間には国鉄・JRで最も急な勾配が続く碓氷峠《うすいとうげ》があり、線路の間にラックレールという歯車を延ばしたようなレールを敷き、これを機関車側の歯車とかみ合わせて勾配を上下するアプト式が採用されました。

1893(明治26)年の開業当初は蒸気機関車を使いましたが、輸送力が低く、トンネル内の煙にも悩まされました。その後電化され、ドイツ製の電気機関車を導入しました。

やがて輸送量の増加に伴い機関車を増やす際、ED40形を国産で製造することに。当時は本線用の電気機関車を製造できるメーカーがなく、大宮工場が担当。碓氷峠では約30年運行

1920～40年代に，碓氷峠の急勾配区間で活躍したED40形10号機

され、その後、一部がアプト式の機構を外され各地の私鉄へ譲渡されました。

ＥＤ40形10号は碓氷峠で運行された後、戦時中に東武鉄道日光軌道線に移って活躍。1968年に引退し「生まれ故郷」の大宮工場で長らく保存されていました。アプト式の機構は残っていませんが、各部に大正期の本線用電気機関車の名残をとどめており、重要文化財に指定されたのです。片側にしか運転台のない武骨な姿が、碓氷峠で縁の下の力持ちとして働いた時代の面影を今に伝えています。

（★／2019年1月11日）

新幹線車両の寿命は?

現役最長寿500系、愛され続けて活躍中

2020年7月1日に東海道新幹線の新型車両N700Sがデビューして話題となりましたが、その陰で役目を終えたN700系の引退が始まりました。新幹線車両は、高速走行を繰り返して走行距離も長くなるため車体各部の傷みも早く、各時期の最新の車両技術を盛り込むため、最近は登場から15年程度で引退することが多くなっています。

国鉄時代には東海道・山陽新幹線では0系が、東北・上越新幹線では200系が開業時から長く使われ、0系はモデルチェンジを行わず、初期型車を同じ0系で置き換えながら44年間にわたって使用され、2008年に引退したグループは車齢が25年に及びました。また200系も初期型車が更新工事を行いながら、31年間にわたって使われました。

現役車両では、山陽新幹線で使われる500系が1997年のデビュー以来、24年目。当時の最新技術を惜しみなく投入し、新幹線で初めて最高速度300㎞/hでの運転を実現。東京～博多間の「のぞみ」として同区間を4時間49分で結び、世界の高速鉄道のトップに並ぶ性

山陽新幹線で活躍する500系．キャラクターとコラボした車両も登場（2017年，岡山～新倉敷間）

能を誇りました。その後、後継車両の登場によって一線を退き、現在は8両編成に短縮されて「こだま」に使用され、200系・0系に次ぐ長寿車となりました。JR発足後に製造された新幹線車両では、1997年登場のE4系は初期型車がすでに引退したため、500系が最長寿。技術的に優れた車両と言うにとどまらず、多くの乗客や運行・保守に携わる人たちに愛されたがゆえの、息の長い活躍と言えるでしょう。

＊2024年7月、JR西日本より、500系が2027年度を目途に営業運転を終了することが発表された。

（★／2020年8月7日）

電気軌道総合試験車
測定データは、車両改良などに活用

東海道・山陽新幹線や2002年までの東北・上越新幹線で、黄色の車体に青や緑のストライプが入った車両を見たことがありますか?

「ドクターイエロー」(923形・925形)と呼ばれる、7両編成の乗客が乗れない車両です。正式には「新幹線電気軌道総合試験車」といい、線路や架線、線路を流れる信号電流などの状態を走行しながら測定する事業用車です。

現在の東北、上越、北陸、北海道新幹線用のものは白の車体に赤のラインの「East i(イーストアイ)」(E926形)で、6両編成です。イーストアイは山形・秋田新幹線にも入るため、山形新幹線で「つばさ」として走っている一回り小さいE3系の車体と同じ大きさです。

ドクターイエローもイーストアイも、できるだけ営業列車に近い速度で走り、営業時間帯に測定することができるようにしています。測定結果は管理システムに送られ、保守作業に反映し、安全で乗り心地のいい運行ができるようにしています。そのデータは、将来の車両

大宮駅に入る「イーストアイ」(2014年，さいたま市大宮区)

や線路、架線の改良などにも活用されます。東海道・山陽新幹線では、おおむね10日に1回、東北、上越、北陸、北海道の各新幹線では10日に1回、山形、秋田新幹線では、年4回のペースで運転されます。

各鉄道会社では、在来線の区間も測定するために、いろんな機能を持った測定車を走らせています。ドクターイエローもイーストアイも、運行ダイヤが公表されていないので、出会うと幸せになると言われています。

＊ドクターイエロー(923形)は、1編成は2025年1月に引退、残る1編成も2027年を目途に引退することが発表された。

(☆／2020年12月25日)

大宮総合車両センターの試運転線

修繕終えたＳＬ、試運転線を走る

鉄道博物館の東側には、川越線、高崎線といった在来線の線路が通っています。博物館に一番近い線路は、ＪＲ東日本大宮総合車両センターの試運転線で、センターでの検査・修繕を終えた車両の試運転が行われます。ふだんは博物館周辺では見かけることのない車両が姿を現すことがあります。

先日は、秩父鉄道のＣ58形363号機の試運転がありました。大宮総合車両センターではＪＲ東日本所属のＳＬ(蒸気機関車)だけでなく、秩父鉄道、真岡鐵道《もおかてつどう》のＳＬの修繕も担当しています。今回行われたのは「全般検査」です。すべての機器類を取り外し、さまざまな修繕及び分解・検査・整備のほか、車体の再塗装なども同時に行う、定期検査としては最も大がかりなもので、約1年をかけました。

同機は1944年に製造され、東北地方で使用されました。1972年に引退した後、吹上町立(現・鴻巣市立)吹上小学校で保存されていましたが、1988年に熊谷市でさいたま博覧会が開催されるに当たりＳＬの運行を行うことになり、整備の上「ＳＬパレオエクスプレス」として運転開始。以来30年以上にわたって秩父鉄道で運転が続けられ、国鉄で使用された時代を上回る期間、秩父鉄道で活躍しています。

今回の検査で、塗装が光沢《こうたく》のある黒からつや消しの黒に変更され、より現役時代に近い姿となりました。冬の日差しを浴びて真っ白な煙を上げて走る姿は、かつてのＳＬ全盛期を思わせるものがありました。試運転終了後、同機は秩父鉄道に戻り、2月から運行を開始しました。

（★／2021年1月29日）

試運転を行う C58 形 363 号機．秩父鉄道の SL 列車として活躍する（2021 年，さいたま市大宮区）

185系、定期運行から引退
汎用性高い設備と丈夫な車体で40年

2021年3月のJRグループのダイヤ改正で、長年首都圏や伊豆方面で活躍してきた185系電車が定期運行から引退することになりました。185系は、1981年に伊豆方面への特急・急行列車から通勤通学の普通列車まで使用できる機能・設備を併せ持つ車両として登場。それまでの特急形電車の車体色だったクリーム色に赤のツートンカラーをやめ、白い車体に斜めの緑色3本のストライプ入りを採用し、これまでにないカラーリングは大きな話題になりました。ただ、通勤用にも使うことを前提とした当時の急行形に近い車内設備は、特急用としての風格に欠けると、あまり高い評価は受けませんでした。

1982年の東北新幹線の大宮開業に際しては、上野と大宮の間を結ぶ「新幹線リレー号」に投入され、埼玉県内を走行するようになります。以後も伊豆方面への「踊り子」や通勤ライナー、関東北部への新特急「なすの」「谷川」や、特急「草津」「あかぎ」といった首都圏の比較的短距離を走る列車や、「シュプール号」「ムーンライトながら」などに使用され

特急「踊り子」で最後の活躍を見せる185系(2021年，根府川駅)

ました。汎用《はんよう》性の高い車内設備と丈夫な車体で長年にわたり活躍してきましたが、登場から40年を迎えた2021年、「踊り子」での定期運行から退き、本格的な活躍に終止符を打つことになりました(臨時列車などでは使用予定)。首都圏では国鉄時代に製造された特急車両が営業列車から姿を消すことになります。

これにより国鉄形の特急形電車は、全国的にも伯備線で「やくも」に使われる381系電車のみとなります。

＊381系電車は、2024年6月に定期運行から引退。

(★／2021年3月5日)

ＤＤ51形も定期運行から引退
「万能」ディーゼル機関車、60年活躍

3月のＪＲグループのダイヤ改正では、１８５系の他にも国鉄時代から長く使用されたＤＤ51形ディーゼル機関車が定期運行を終えました。同機は非電化区間の無煙化をめざして１９６２年に１号機が製造されました。それまでのＳＬのＣ57形、ＤＤ51形に匹敵する性能を持つ幹線用の旅客貨物両用機として国産技術で開発。大型ディーゼル機関車の開発は技術的に難しく、当初の試験では設計どおりの性能が発揮できませんでしたが、改良を重ねて性能が安定しました。各地のＳＬを置き換え、全国の非電化路線で近代化推進の立役者となりました。

国鉄路線であれば大部分を走行可能な万能性から６４９両もの仲間が造られ、四国をのぞく全国各線で非電化区間の輸送を支えました。埼玉県内でも八高線で１９９９年まで貨物列車を引いていました。当初はＳＬを引退に追いやったことから不人気だったＤＤ51形ですが、お召列車の牽引や、重連で寝台特急「北斗星」「カシオペア」の先頭に立つ姿が注目を浴び

関西本線で最後の活躍を見せるDD51形(2021年，八田～春田間)

ました。さらに２０１１年の東日本大震災では被災地への緊急石油輸送で磐越西線を走行。２０１８年の西日本豪雨の際には、不通になった山陽本線に代わり伯備線・山陰本線・山口線を経由する迂回《うかい》貨物列車の先頭に立つなど、その万能性を遺憾なく発揮し、災害時の緊急輸送にも貢献しました。

約60年にわたり活躍したＤＤ51形ですが、関西本線での貨物列車牽引から引退し、定期運行がなくなりました。ＪＲ東日本、西日本に数両が残っていますが、その姿を見ることは少なくなりそうです。

＊ＪＲ東日本のＤＤ51形は、２０２４年11月に営業運転を終了。

(★／２０２１年3月26日)

総武線から武蔵野線へ「てんぱい」は車両の配置換え

「てんぱい」というと、マージャン好きな方は、あがりの一歩手前でドキドキしている様子を思い浮かべるかも知れません。しかしこの言葉は、鉄道用語では同じ読み方で「転配」と書きます。

転配とは「転配属」の略で、車両を路線ごとに適正に配置換えすること。車両を新製し、ある路線の車両基地に配属した場合に余剰となる車両を他の車両基地に配置換えし、古くなった車両を廃車にすることなどを表します。

埼玉県を通る路線で言えば、武蔵野線で現在運転されている車両は、多くが総武線(総武緩行線)で使用されていたE231系と呼ばれているものです。E231系は人間にたとえると、まだ壮年期。元気いっぱいなのに廃車にするのは惜しいので、古くなっていた武蔵野線の205系と取り換えるため配置換えをしたのです。

総武線時代には車体に黄色の帯を巻いていましたが、武蔵野線に来るときに、白を挟んだ

総武線から武蔵野線に転属したE231系(2021年, 西国分寺駅)

オレンジ色とチョコレート色の帯に巻き直しています。

この他にも、常磐線《じょうばん》で使用していた特急形のE653系を羽越《うえつ》本線などに転用したことがあります。国鉄時代には車両を全国的に運用していたので、転配も頻繁《ひんぱん》に行われました。

当時は「玉突き転配」と呼ばれる方法で、連続して何回も他の路線に転用されたため、不採算の地方ローカル線には廃車寸前のような車両が配属されることがありました。

国鉄の分割民営化後は、各会社が独自に車両を新製するので転配の回数は減っています。

(☆／2021年5月27日)

2階建てのE4系、定期運行から引退
最多定員を乗せた新幹線、見納めに

2021年10月1日、長年にわたり東北・上越新幹線で活躍してきたオール2階建て新幹線車両・E4系が定期運行から引退します。

E4系はE1系(12両編成、定員1235人)に続くオール2階建て新幹線車両として1997年12月にデビューしました。輸送量の増減に柔軟に対応するため8両編成(定員817人)を基本とし、混雑時には2編成を連結運転することができます。それにより1列車の定員が1634人と高速鉄道では世界最多を誇り、その輸送力の大きさで新幹線通勤・通学の混雑を緩和しました。

東海道新幹線を建設する際に貨物輸送の計画があり、車両の大きさを規定する車両限界が大きく取られていたことで、大定員の2階建て車両を実現できたのです。

E1系が鋼製車体だったのに対し、アルミ合金製車体として軽量化し、先頭部は途中から炭素繊維の複合材を整形してアルミ車体と合体させたという特徴がありました。車内販売ワ

E4系新幹線電車．後方に連結したE3系に比べ大きな車体だ（2011年，大宮駅）

ゴン用の小型エレベーターを持つなど2階建てゆえの独特の工夫が各所に施されています。

E4系同士の16両編成のほか、400系やE3系と併結《へいけつ》（終着地は異なるが、途中区間が重なる列車等を連結すること）して「つばさ」＋「Maxやまびこ」としても運転され、現在は上越新幹線で「Maxとき」「Maxたにがわ」で使用されていますが、定期運行からは退くことになりました。これにより1985年に東海道・山陽新幹線にデビューした100系以来、200系、E1系と続いてきた2階建て新幹線車両が姿を消すことになります。

（★／2021年9月16日）

おいらん車
そこのけそこのけ、走って安全確認

「おいらん車」と聞くと、何かなまめかしい感じがする車両かなと思ってしまいますよね。実は、鉄道の新線を作るときなどに、安全に走れるかどうか沿線の状態を点検するために必ず走った車両の通称です。

正式名は「建築限界測定車」。車両の周りにハリネズミのように細い板をつき出してゆっくり走りながら、線路上に列車に触れるようなものがせり出していないかを確認したのです。「おいらん」が、かんざしをたくさんつけている様子と似ているので、そう呼ばれていました。

「建築限界」と聞くと、家を建てるときの決まりかなと思いますが、鉄道の世界で使われる用語です。線路の上を列車が走るときに、周りの樹木や建物などが列車に触れてしまうと、安全に走ることができません。このため、列車と周りのものとの間に、一定の距離を取るような決まりを設けることにしたのです。

その基準が「建築限界」で、営業する線路のある所には、すべてこの基準を当てはめることにしました。

現在では「おいらん車」は姿を消しました。最新のセンサー技術による測定器を付けた測定車が、営業列車と同じ速度で走って安全を確認しています。

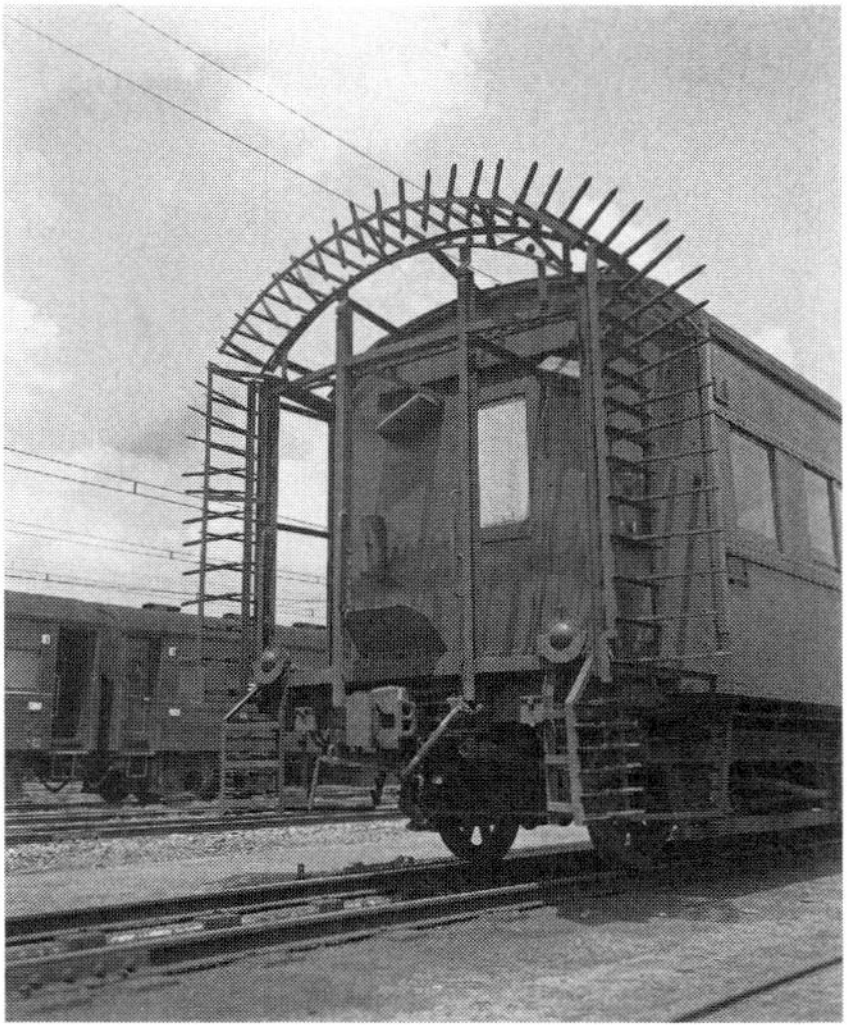

かんざしをつけた様子に似ている「おいらん車」(1950年代)

一方で、車両そのものも、大きく造り過ぎて建築限界に触れることがないよう「車両限界」を定めています。建築限界と同様に在来線用や、一回り大きい新幹線用があります。鉄道会社同士で車両限界等を合わせることで、相互に乗り入れ運転ができるようになっています。

(☆／2022年4月14日)

ロイヤルエンジン
特別な存在感、お召装飾で公開

2022年10月30日に、鉄道博物館に新しい展示車両が加わりました。長年にわたりお召列車を牽引したEF58形61号機です。1953年にお召列車専用機としてメーカーに発注され、メーカー側もこれを名誉として、契約金額をオーバーして入念に製造したと言われています。

EF58形は当時最新の旅客用電気機関車で、東海道本線の特急「つばめ」「はと」などの先頭に立つ花形機関車でした。61号機はこうした優れた性能に加え、車体側面までステンレスの飾り帯を取り付け、走行装置各部の磨き出し、国旗掲揚装置の取り付けなど特殊な装備を多数備えています。登場時は他のEF58形と同じ茶色の塗色でしたが、後年牽引する御料車の色に合わせた深みのある暗紅色《あんこうしょく》に塗られて特別感が高まり、ファンからは「ロイヤルエンジン」と呼ばれるようになりました。

1953年10月に昭和天皇・香淳皇后《こうじゅんこうごう》が乗車するお召列車の先頭に立って以来、直流電化

お召列車を引く EF58 形 61 号機（2001 年，品川〜川崎間）

区間でのお召列車の牽引に活躍し、2001年まで90回以上お召列車の先頭に立ちました。電気機関車としては最多の運転回数で、この記録は今後も破られることはないでしょう。

2008年に休車となって以降、姿を現すことがほとんどなくなりましたが、このたび鉄道開業150年にちなみ鉄道博物館で保存・展示されることになり、一般に公開されました。つやのある車体にステンレスの帯が光り、磨き上げた走行装置とあいまって他の車両にはない存在感が際立ちます。当分の間はお召装飾を取り付けて展示しますので、ぜひ実車をご覧ください。

（★／2022年11月3日）

山形新幹線、E8系導入へ「新在直通」快足さらに

2024年3月16日のダイヤ改正で、山形新幹線に新型のE8系車両が走るという発表が前年12月、JR東日本からありました。

E8系は、東京から仙台、盛岡方面に向かう「やまびこ」に併結されて福島で別れ、新庄方面に向かう「つばさ」に使われる車両です。現在のE3系は、老朽化し、最高速度は275㎞/h。宇都宮~福島間でのスピードアップを目的に、300㎞/hで走ることができるE8系と交代することになったのです。これで東京~山形・新庄間の所要時間が約4分短縮されます。併結の相手車両もE2系からE5系に代わります。

こうした2つの車両が併結して走っているのは、山形新幹線が、新幹線と在来線を直通で運転する「新在直通」という手法で運転されているためです。ちなみに、同様に新在直通の秋田新幹線で盛岡~秋田に乗り入れているE6系「こまち」は、最高速度がE5系と同じ320㎞/hで、すでにE5系「はやぶさ」と併結して走っています。

日本の鉄道は1872(明治5)年の開業時から狭軌《きょうき》(線路幅1067㎜)で路線を伸ばしてきました。1964年に標準軌(1435㎜)による東海道新幹線が開業し、線路幅が違う新幹線と在来線をどう融合させてネットワークをつくるかという大きな問題に直面してきました。

山形新幹線に導入されるE8系(2023年，大宮〜小山間)

在来線の狭軌を標準軌に広げて新幹線車両を直通させる方式と、車両の方で車輪の幅を変えて線路はそのままで直通させる方式が検討され、技術的に早期に実現できる、線路を広げる方式が採用されました。とはいえ、線路の幅を広げる工事も大変で、在来線区間は在来線の速度で走らなければならず、それまで走っていた在来線のローカル列車なども乗り入れができなくなるため、地域交通が分断される問題もあります。

線路によって車軸の幅を変える「フリーゲージトレイン」と呼ばれる方式も、技術開発が進めば、将来的には実現の可能性があります。

(☆／2024年1月25日)

「本線」つく・つかないの違いは?
分岐・関連路線を分ける意味薄れ

市販の時刻表をめくると、特集や新幹線情報の次に在来線の時刻表が載っています。すぐに目に入るのは、東海道本線や山陽本線など。さらにめくると高崎線、上越線、常磐線など「本線」がつかない路線が現れます。本線と本線がつかない路線はどう違うのでしょうか。

路線の名前は「線路名称」と呼ばれます。鉄道の線路名称は、1895(明治28)年に逓信《ていしん》省鉄道局が官設鉄道の線路名称を定め、1906(同39年)の鉄道国有化開始後、1909(同42)年には当時の鉄道院が、私設鉄道を国有化した際の多くの路線名を系統立てて整理するため「国有鉄道線路名称」として制定しました。このとき、全国の主要幹線を「本線」とし、そこから分岐する路線や関連する路線を1グループにまとめて「支線」としました。東海道線は東海道本線と横須賀線や武豊《たけとよ》線などの支線に、東北線は東北本線と常磐線や高崎線などの支線に位置づけられたのです。

以降、必要に応じて改正が行われ、現在のJR各社の線路名称に引き継がれています。な

常磐線を走る特急「ひたち」(2019年，友部～内原間)

お、線路名称は国土交通省鉄道局監修の「鉄道要覧」に記載されています。
「国有鉄道線路名称」では、その時の各線の成り立ちに応じ本線と支線に分類されたのですが、現在では路線沿線の状況も変化し、支線と言えども本線と同じか、それ以上の役割を果たしている路線もあります。東北本線には盛岡以遠の第三セクター鉄道を含め、高崎線に直通するものを除き特急列車が見当たりませんが、東北本線の支線である常磐線には多くの特急列車が走っています。もう本線、支線という分け方はあまり意味がなくなっていると言えますね。
(☆／2024年5月10日)

2章

路線いろいろ

埼玉の鉄道の歩み
有力者が誘致し、大宮駅1885年に開業

鉄道博物館がある埼玉県の鉄道の歩みは、1881(明治14)年に設立された「日本《にっぽん》鉄道」と呼ばれる日本初の私設鉄道から始まりました。

当時、鉄道は国が建設・保有・運営すべきだと考えられていましたが、1877(同10)年の西南戦争などで出費がかさんで財政難となった明治政府は、民間資本を取り入れて鉄道を建設することにしました。民間資本といっても、政府から配分された資産を持つ華族や士族による出資がほとんどだったそうです。

最初に上野から高崎へ向かう路線が建設され、1883(同16)年に上野〜熊谷間で現在の東北本線・高崎線が開業しましたが、その時、意外にも大宮駅は設置されませんでした。

これに危機感を持った大宮の有力者たちが誘致運動を展開。そんなこともあって、青森への路線が建設される時には、大宮で分岐して宇都宮へ向かうことになりました。大宮駅は1885(同18)年に開業。1891(同24)年に青森までの全線が開通し、1906(同39)年には

国有化されて現在の東北本線となりました。

上野〜熊谷間を建設する際、英国から輸入された機関車が工事用に導入されました。運搬船が荒川に入って川口市の善光寺付近で陸揚げされたことから「善光号」と名付けられました。

大宮駅でひと休みする善光号(明治30年代，埼玉県)

善光号は、水タンクをボイラーの上に載せた「サドルタンク」という方式。また、動輪を動かすための蒸気シリンダーを動輪より内側に設けた構造で、これにより走行装置の幅が狭くなったため、工事中の狭い場所でも通れる利点があったのです。この構造はあの「きかんしゃトーマス」と同じで、日本の私鉄の「1号機関車」になりました。

日本の鉄道の発展に貢献した善光号は鉄道記念物となり、鉄道博物館を訪れる人々に見守られています。

(☆／2016年6月3日)

幻の弾丸列車計画

最高速度150㎞/h、戦争激化で工事が中止に

戦前、東京〜下関間に高速列車を走らせようという計画がありました。鉄砲の弾のように速いということで一般には「弾丸列車計画」(正式名称は「広軌新幹線計画」)と呼ばれました。当時、特に東海道・山陽本線では旅客・貨物の輸送量が増えていました。そこで従来の狭軌《きょうき》鉄道(線路幅1067㎜)より幅広の標準軌(同1435㎜)による鉄道の建設が新たに計画されました。東京〜静岡間は電気機関車、静岡以西は蒸気機関車を使い、最高速度はまず150㎞/h、将来は200㎞/hを目指しました。

着工は1941年。用地買収などが順調に進み、静岡県の日本坂トンネルと京都府の新東山トンネルは完成しました。ところが戦争の激化で1943年に工事が中止。戦後、完成していたトンネルなどを除き、用地や施設はほとんど使われませんでした。

1950年代半ばになると東海道本線の輸送力が逼迫《ひっぱく》。そこで従来の考え方にとらわれずに考案されたのが新幹線です。幸い、弾丸列車計画の当時は考えられなかった新技術が開発

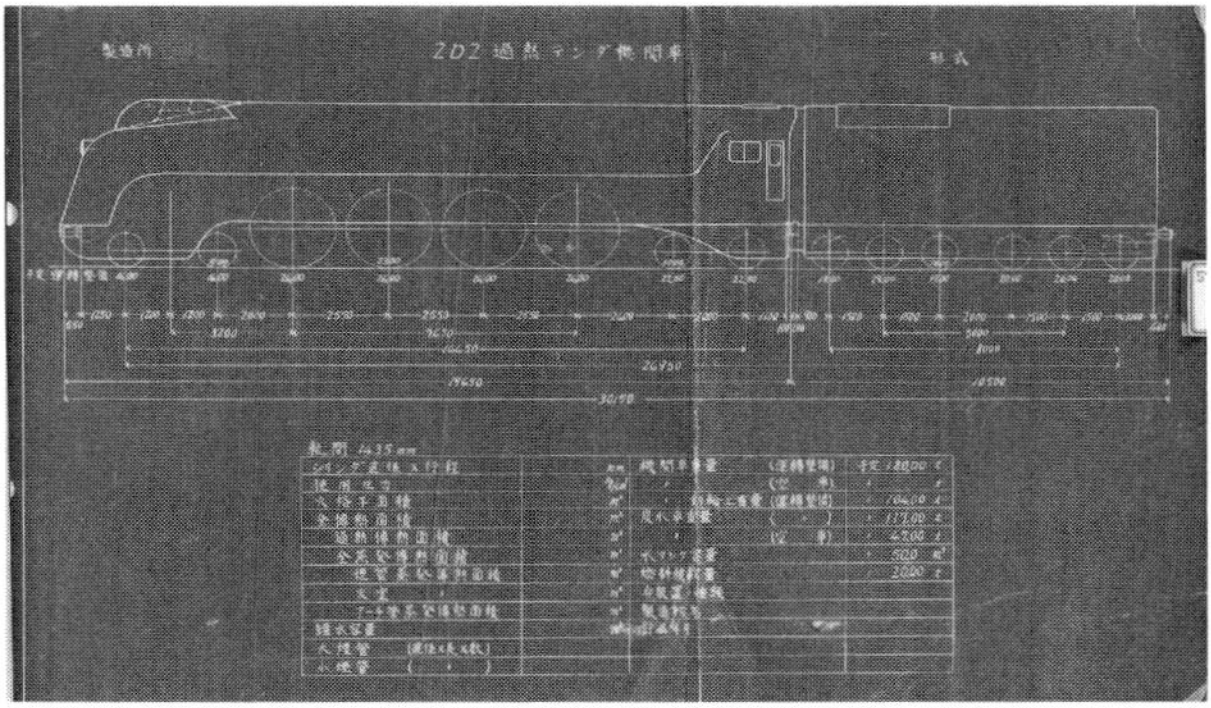

弾丸列車計画で構想された蒸気機関車の形式図(『建設規程調査小幹事会記録』1940年より)

されていました。その1つが交流電化技術です。それまでの直流電化では高速運転が難しく、経済的で安定した運転は160㎞/hくらいが限度といわれていました。交流電源を使うことで高速運転が実現できたのです。

　東海道新幹線は1964年に開業し、営業運転では世界初の200㎞/h超(最高速度210㎞/h)を実現しました。もし1941年当時の技術で弾丸列車が完成していたら、その後の近代的な鉄道システムは確立されなかったかもしれません。

　新幹線に始まった日本の新技術は世界に広がりました。特にヨーロッパでは日本を見習い、もともと標準軌であった利点を生かしながら、高速鉄道網の充実を図っています。

(☆/2016年10月8日)

川越線と名機関車
かつての軍事路線、今は市民の足

埼玉県内には、東北本線、高崎線など主要な幹線のほかに、特別な使命を帯びて建設された路線があります。川越線です。

1940年、大宮駅と高麗川《こまがわ》駅を結ぶ路線として、川越線は急ピッチで建設されました。東京を経由せずに東北本線と東海道本線を結ぶこの路線に込められたのは、軍事的な狙いです。高麗川駅で八高線に、さらに横浜線経由で東海道本線につなげ、都心部を通らずに軍隊や軍事物資などを運ぶのが目的だったのです。

その川越線には、名機関車といわれた9600形蒸気機関車が使われました。やはり名機関車と呼ばれた旅客列車用の8620形とほぼ同時期、大正時代に製造されました。

少しばかり小さい動輪を4軸持ち、とても力持ちで、使い勝手も良く、全国各地で活躍しました。北海道ではなんと2000tもの石炭列車を引っ張っていました。性能が良かったため、各地の私鉄で使われたり、日本統治時代の樺太や台湾にも運ばれたりしたほか、狭軌

指扇～南古谷間を走る9600形蒸気機関車(1968年，埼玉県，大石和太郎撮影)

用から標準軌用に改造されたものは日中戦争時に中国大陸でも使われたそうです。

川越線では車両基地の「大宮機関区」にD51形蒸気機関車などとともに所属し、活躍しました。沿線ののどかな風景になじみ、ディーゼル化に伴って役割を終える1969年まで人々に愛され続け、多くの記録映像も残しました。

鉄道の役割も、時代とともに変わります。池袋～大宮間に通勤新線として埼京線が開業した1985年、川越線も電化して大宮駅の地下で結んで直通運転を行うようになりました。それから31年。今や首都圏の通勤・通学に欠かせない存在として、多くの人の生活を支えています。

(☆／2016年10月8日)

川越貨物線に旅客列車が走る!
単線時代の名残は、「遠方信号機」

１９８５年に埼京線が開業する前、川越線はディーゼルカー(気動車)が使用され、大宮駅の地上ホームの11・12番線から発着していました。それが電化され、埼京線と同駅地下ホームで結ばれて直通運転を始めました。

その後、12番線は廃止されました。11番線は２０１７年3月現在、湘南新宿ラインの下り線に使われていますが、週末などには、快速「ぶらり川越号」「おさんぽ川越号」などの臨時列車も発着しています。「おさんぽ川越号」は外房・京葉・武蔵野線から、「ぶらり川越号」は常磐・武蔵野線から貨物線を通って大宮駅に入り、さらに川越線へ向かう列車です。

11番線から川越方面に発車すると、すぐに旧川越線が走っていた単線に入って複線の川越線と高崎線の間を進み、鉄道博物館の少し北にある新幹線の高架線の先で、大宮駅の地下ホームから上がってきた線路と合流します。この短い区間を「川越貨物線」といいます。２０１７年の1月下旬にも、２つの快速列車が走りました。

面白いのは信号方式です。川越貨物線には電化前の単線だった時代の信号機が残っているのです。鉄道博物館から見える川越線と高崎線の間にあります。電車が通過すると自動的に信号を赤にするような信号機とは違い、「遠方信号機」という、次の信号機がどのような信号を出しているかを予告するものです。よく見ると、角が丸い信号機ではなく、角のある長方形をしています。

地上ホームからの列車が走らない時は、川越貨物線が川越線へ合流するポイントの手前の信号は赤になっているため、この遠方信号機は黄色を表示しています。つまり、皆さんが普段ご覧になる時は、ほとんどの場合、黄色になっているのです。

（☆／2017年3月10日）

大宮駅の地上ホームから川越方面に向かう「おさんぽ川越号」(2017年，さいたま市大宮区)

直通運転
京浜東北線は元祖「〇〇ライン」

最近は「〇〇線に乗る」という言い方だけでなく、「〇〇ラインに乗る」という声を耳にします。かつては単一路線の始発駅から終着駅まで運行されることが多く、「〇〇線に乗る」でよかったのですが、近年は乗り換えの不便を解消するため複数路線を1本の列車が直通運転するようになり、単一の路線名で呼ぶことが難しくなりました。

そこで「〇〇ライン」という呼称が生まれました。埼玉県内を走る線では、2001年に「湘南新宿ライン」、2015年に「上野東京ライン」が運転を開始。今やすっかり定着していますが、当時は「ライン」という響きが新鮮に聞こえた方も多かったと思います。しかし、こうした直通運転は実は古くからあるのです。

それが、京浜東北線です。東京駅を中心に東北本線と東海道本線が結ばれていますが、両線の直通運転はなんと1925(大正14)年に始まり、大宮駅まで延長されたのは1932年というから驚きです。元祖「上野東京ライン」といえるのかもしれません。また、1980

年には総武本線(快速線)と東海道本線・横須賀線の列車が直通運転を始め、1985年には赤羽線・東北本線の別線と川越線を直通する埼京線(その後、山手貨物線に延伸)が運転を開始。いずれも通勤・通学などで多くの人が利用する首都圏の「大動脈」となっています。

利便性も人気も高い上野東京ライン(2015年，東京〜新橋間)

ところで、直通運転は乗り換えをしなくてよい便利さがある一方で、トラブルなどで列車の運行が乱れた時、広範囲に影響が及んでしまうリスクもあります。皆さんも列車が遅れた時、「遠くで起きたトラブルがなぜこんな所にまで影響するのか?」と疑問に思うことがあるのではないでしょうか。このような時は鉄道会社が直通運転を一時的にストップし、混乱がさらに波及するのを防ごうとしているのですが、果たして便不便は裏腹なものです。

(☆／2017年3月10日)

耐寒・耐雪構造にした東北・上越新幹線
徹底した対策で、降雪時も遅れず

東海道新幹線は1964年に200㎞/hを超える運転を開始しましたが、当時、高速運転に対する雪の影響は未知数でした。岐阜県の関ケ原付近は豪雪に見舞われることがあります。東海道本線は速度がそれほど速くないので大きな影響はありませんでしたが、最高速度210㎞/hの新幹線は違いました。

積雪のある区間を高速で走ると、車両の床下の機器などに多くの雪が付着しました。その後、列車が比較的気温の高い区間に入って運転中に、付いた雪が溶けて線路上に落ちる現象が起きました。

高速の列車から落ちる雪の塊《かたまり》は、線路のバラスト(線路に敷いてある砕石)をはね飛ばし、それが床下の機器を壊したり、行き違う列車や線路に近い民家に当たったりと大きな問題になりました。その対策として、降雪区間では列車の速度を落とすとともに、散水装置で水をまいて雪が舞い上がらないようにしました。今では車両の床下を雪が付きにくい構造にしたり、

さまざまな雪対策を施した200系新幹線電車(1982年頃)

地上でも高圧の水を車体床下に吹きつけ付着した雪を除くなどの対策を施したりと、列車の遅れを減らす方法が採られています。
一方、1982年に大宮起点で開業した東北・上越新幹線は東海道新幹線の教訓を生かし、降雪時も遅れないよう対策をとりました。車両を徹底した耐雪構造にするとともに、東北新幹線は先頭部のスカート(排障器)をラッセル形状にして、乾いた軽い雪を線路脇にはね飛ばす方式にしました。上越新幹線では線路脇に散水装置を設けて温水をまき、湿った重たい雪が積もる前に溶かす方法を採用しました。両新幹線はこうした対策が引き継がれ、今も降雪期にあまり遅れずに運行できています。
(☆/2019年2月22日)

新宿～立川間開業130年
小金井堤の桜　鉄道行楽の先駆けに

1889(明治22)年に中央線の新宿～立川間が開業してから2019年の4月11日で130年を迎えました。首都圏では東海道本線や高崎線、東北本線などと並んで長い歴史を持ち、今や首都圏屈指の通勤路線です。

ところで中央線の開業はなぜ4月なのでしょうか？　答えは沿線の名所にあります。中央線を開業させたのは私鉄の甲武《こうぶ》鉄道。沿線の名所への誘客に力を入れていました。なかでも玉川上水の両岸に植えられた桜が満開となる「小金井堤の桜」は、江戸時代からよく知られた花見の名所でした。

もともと甲武鉄道は新宿～八王子間で開業する予定で工事を進めていました。しかし、花見の時期に間に合わせようと、多摩川橋梁《きょうりょう》の架橋工事に時間のかかる立川～八王子間は後回しにして、4月11日に立川までを先行して開業させたのです。

これによって、以前にもまして多くの花見客が訪れるようになりました。今では隣接する小金井公園にも数多くの桜が咲き誇り、多くの花見客でにぎわいます。私も子どもの頃に親に連れられて小金井公園で花見をしたことがあります。老若男女を問わずたくさんの人々が集い、咲き乱れる桜を愛《め》でながら飲んで歌って踊って陽気にすごす姿が、今も脳裏に焼き付いています。

甲武鉄道はこのほか、夏は多摩川のアユ漁、秋は高尾山の紅葉と、季節ごとの沿線名所をアピールしました。その後、東京の飛鳥山や荒川堤、隅田川堤の桜なども、花見の季節には鉄道を利用して多くの行楽客が訪れるようになりましたが、甲武鉄道はその先駆けといえます。

（★／2019年4月12日）

1906年刊行の雑誌「風俗画報」の増刊号「小金井名所図会」の表紙．花見客でにぎわう国分寺駅（当時の最寄り駅）の様子が描かれている

東海道本線
大動脈　中山道から変更

1889(明治22)年に東海道本線の新橋〜神戸間が全通してから2019年の7月1日で130年を迎えました。古くから東京と京都、大阪の間は人や物資の往来が最も盛んで、東西両京を結ぶ鉄道の建設は、明治政府と当時の鉄道関係者にとっては悲願だったのです。

この路線のルート選定については、江戸時代からの五街道の東海道沿い、中山道沿いの2案がありましたが、1883(同16)年に外国人技師の実地調査の結果、沿線開発をめざして中山道沿いの山間部を越えるルートが選ばれました。これには国防上の理由から海岸沿いに路線を敷くことに強く反対した軍部の意向も反映されていました。しかし、当時の技術力では険しい山岳地帯に鉄道を通すことは難しく、さらに坂道に弱い蒸気機関車では大きな輸送力が期待できないことが分かりました。一方で東西を結ぶ幹線は、1890(同23)年の第1回帝国議会開会までの開通が求められていました。中山道ルートでは技術的、時間的に建設が厳しくなり、1886(同19)年に政府はルートを東海道経由へと変更します。工事はスム

大型SLが数多くの客車を引いて走る東海道本線の旅客列車（明治末期）

ーズに進み、3年後に新橋〜神戸間が全通しました。1869(同2)年に鉄道建設が決定してから実に20年。ようやく東西の主要都市が鉄道で結ばれたのです。

その後も東海道本線は、日本の鉄道の最重要幹線として改良が繰り返され、戦後には輸送力増強のために東海道新幹線が建設されました。全通時には新橋〜大阪間は約20時間かかりましたが、今では東海道新幹線の東京〜新大阪間は2時間27分まで短縮しており、この130年間の技術の進歩を感じさせます。

＊2024年3月時点での東京〜新大阪間の最速列車の所用時間は2時間21分です。

（★／2019年8月9日）

大宮駅を通るＪＲ路線名
5路線だけど運転系統では計12

埼京線、京浜東北線、高崎線、湘南新宿ライン、上野東京ライン……。大宮駅を通るＪＲ路線の名称はさまざまですが、それがいくつ乗り入れているかご存じでしょうか?

路線名には長い歴史があります。明治の鉄道開業当初は明確なルールがなく、東海道線、北陸線というように個別に路線名を決めていました。明治末に多くの私鉄路線が国有化され、国管理の路線が急増。これを整理して名称をつけることにし、1909(明治42)年に「国有鉄道線路名称規程」が制定され、上野～青森間は東北本線、新橋～神戸間は東海道本線というように各路線の名称・区間が確定しました。

しかし実際の旅客の流れは路線をまたぐことが多く、特に都市部ではその流れに応じて列車を設定し、路線名とは別に運転系統を通称として使うようになりました。戦前からある京浜東北線は、もともとは東京と横浜を結ぶ「京浜線」でしたが、東北本線へ延長されたことで「京浜東北線」に。埼京線は、大崎～池袋間は山手線(貨物線)、池袋～赤羽間は赤羽線、

新幹線と並走する埼京線の電車（2015年，武蔵浦和駅）

赤羽～大宮間は東北本線別線を走行しており、実は「埼京線」という線路名称は存在しません。湘南新宿ライン、上野東京ラインも複数の路線にまたがって運転されています。

最初の質問の答えですが、大宮に乗り入れているJRの路線は東北本線、高崎線、川越線、東北新幹線、上越新幹線の5路線ということになります。それだけ？と思った方が多いでしょうが、運転系統でカウントすると在来線が7系統（特急はのぞく）、新幹線が5系統となります。（★／2020年1月31日）

岩倉具視が会社設立を呼びかけ
東北本線は建設当初は、私鉄だった

1872(明治5)年に日本で初めて開業した現在の東海道本線の一部である新橋~横浜間は、日本政府が建設した官設鉄道でした。一方、大宮を通る在来線の大動脈である東北本線が建設当初、私設鉄道(私鉄)だったということをご存じでしょうか。

東北本線の前身は、1881(同14)年に設立された「日本鉄道会社(後に日本鉄道株式会社に改称)」。1883(同16)年に上野~熊谷間、翌年に熊谷~前橋間を開業し、さらに7年後には上野~青森間を全通させました。現在のJR東日本の山手線、赤羽線、東北本線、日光線、水戸線、常磐線、両毛線なども次々と建設、あるいは他の会社の建設した路線を買収していきました。

鉄道建設は巨額の資金を要するため、政府は民間資金の調達を視野に入れていました。日本鉄道設立の主唱者は岩倉具視《いわくらともみ》。明治維新に伴う政治体制の変更で、彼は華族や士族の生活の糧をどうするかという問題に取り組んでいました。そこで国立銀行、財閥、皇室のほか、

日本鉄道の上野〜高崎間開業式典の会場が設けられた上野駅(1884年)

華士族にも出資を依頼。その中でも華士族関係の出資額の割合は際立って高く、岩倉の意図の一端が窺えます。その後も広く株主を募り、政府は国有地の無償供与、利子補給、配当保証など、手厚い保護・助成によって工事を進めました。

のちに国内の主要な鉄道を国が一元的に管理するため、鉄道を国有化するという議論が起こり、1906(同39)年には鉄道国有法が成立。一定の基準にあてはまる私設鉄道が国有化されることになり、日本鉄道も国有化されることになったのです。

(☆／2020年3月13日)

常磐線全線運転再開
災害・事故……重い歴史も背負い130年

2020年3月14日、長らく不通が続いていた常磐線が全線で運転を再開しました。2011年3月の東日本大震災と津波被害、さらに沿線に立地する東京電力福島第一原子力発電所の事故により、多くの区間が不通となって以来、9年ぶりの全線運転再開となります。

常磐線は130年を超える歴史を持ちます。当初は東京と水戸を結ぶ路線として構想され、最初に水戸付近が開業。その後、茨城県北部から福島県南部に広がる常磐炭田で産出する石炭を輸送するために路線が延伸され、1898(明治31)年に田端～岩沼間が全通。1905(同38)年に日暮里～三河島間が開通し、ほぼ現在の姿になりました。

以来、石炭を東京へと運んで日本の近代化を支え、山越え区間の多い東北本線のバイパスルートとして北海道連絡を担う特急や急行列車が行き交った時期も。現在では首都圏への通勤・通学、沿線各所の都市間輸送などがメインとなり、近年では上野東京ラインの開業で常磐線の列車が品川駅まで乗り入れています。

運転再開初日の仙台発特急「ひたち」．東日本大震災以来9年ぶりに常磐線全線を走る特急が復活した(2020年，富岡〜夜ノ森間)

一方、同線は戦時中の土浦での多重衝突事故、戦後の下山事件、多数の死傷者を出した三河島事故、そして今回の震災後の長期にわたる不通と、重い歴史を背負ってきた面もあります。

鉄道博物館では同線の全線運転再開に合わせて、これまでの歩みや、震災からの復興状況などについて多数の資料や写真、映像で紹介する企画展「全線運転再開記念常磐線展」を今後開催する予定です。現在は、新型コロナウイルス感染拡大防止のため臨時休館中ですが、開館した際にはぜひご覧ください。

（★／2020年4月3日）

130年超 常磐線の歩み
川口経由のルート 歴史が変わった?

新型コロナウイルス感染拡大防止のため臨時休館していた鉄道博物館ですが、2020年6月10日より再開しました。3月14日から開催予定だった企画展「全線運転再開記念 常磐線展」もようやく公開の日を迎えられました(9月6日まで開催)。

この企画展は東日本大震災後、不通が続いていた常磐線の全線運転再開にちなんで開催。130年を超える歴史を持つ常磐線の歩みや、震災からの復興状況などを多数の資料や写真、映像で紹介します。なかでも、同線の建設時に検討されたルートを示す図面(1893年作成)は貴重です。図面では、すでに開業していた上野から大宮へ向かう路線をたどり、荒川を渡って埼玉県へ。川口で本線と分岐して鳩ケ谷・草加を通り、流山近傍を経て小金で現在の路線にいたる、というルートが検討されたことが分かります。

当時、大きな川に橋を架けることは技術的・費用的に難しく、常磐線(当時は土浦線と呼称)を建設するにあたっては、新たに荒川に橋を架けることを避けるため、いったん川口まで北

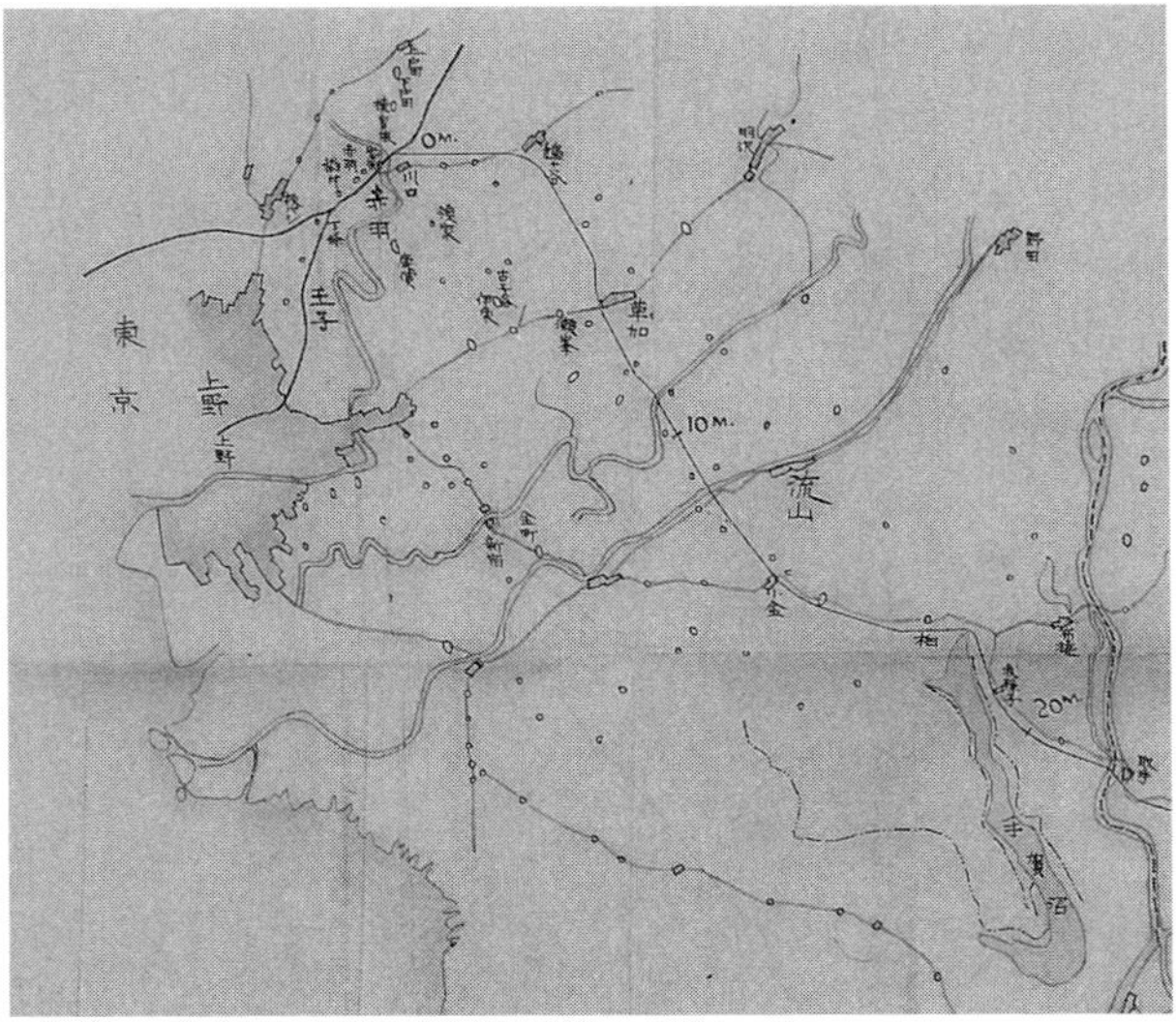

展示された資料の「埼玉県下川口近傍ヨリ茨城県下石岡ヲ経テ水戸線へ連絡スル鉄道略図」1893年「友部線仮免許関係書」(『鉄道省文書　日本鉄道　10』)

上し、そこから水戸方面へと向かうルートが検討されたのです。最終的には田端で分岐し(1905年から旅客列車は日暮里分岐に)、北千住・松戸を経て水戸へと向かうルートになりましたが、もし川口経由のルートだったら、常磐線は埼玉県内を経由したことになり、のちの歴史は大きく変わっていたかもしれません。

(★/2020年6月19日)

東北新幹線
全線開業10年 世界最速クラス目標

東北新幹線は2020年12月4日に東京〜新青森間の全線開業から10周年を迎えます。最初は1982年6月23日に大宮〜盛岡間を開業したのですが、大宮始発で開業したのは、上野・東京方面への工事がいろいろな事情で遅れたため、でき上がったところからまず開業しようということになったからです。この開業は「暫定《ざんてい》開業」と呼ばれ、大宮〜上野間を在来線の「新幹線リレー号」で結びました。

1985年3月には大宮〜上野間が開業し、1991年6月には上野〜東京間、2002年12月に盛岡〜八戸間、さらに2010年12月4日には八戸〜新青森間が開業し、東北新幹線が東京〜新青森間で全線開業となりました。大宮〜盛岡間の開業から28年もの歳月を要したことになります。新幹線開業前は上野〜青森間は在来線特急「はつかり」などで約8時間半かかっていたのですが、現在では東京〜新青森間を「はやぶさ」が最速2時間59分で走っています。最高速度も開業当初の210㎞/hから、2013年3月には宇都宮〜盛岡間で

開業当時使われた200系新幹線(1982年，仙台車両基地)

320㎞/hに向上しました。

2016年3月には新青森~新函館北斗間が北海道新幹線として開業しました。2030年度に予定される札幌延伸までに、世界最速クラスとなる360㎞/hでの運転を目指して騒音・振動防止などの環境対策を含む様々な試験が行われています。当面、上野~大宮間については2021年春に110㎞/hを130㎞/h、盛岡以北については近い将来に260㎞/hを320㎞/hへスピードアップさせ、到達時間の短縮を図ることを計画しています。

＊北海道新幹線札幌延伸工事は、一部トンネル工事に3~4年の遅れが出ており、開業時期は未定となっている。

(☆/2020年12月4日)

新幹線　長くとがった先頭車両
トンネル進入時　破裂音を小さく

東北新幹線のE5系のように、最高速度が300㎞/hを超える新幹線は、先頭部を長くとがらせています。なぜ客室定員を減らしてまでそのようにしているのでしょう。

ヨーロッパでも同様の速度で走っている列車がありますが、先頭部を長くとがらせているものはほとんど見当たりません。これには日本独特の事情があるのです。

まず、高速で走行する列車は、空気抵抗を少なくするために先頭部を流線形にしなければなりません。そして、列車が滑らかな路盤の長いトンネルに高速で進入する際、注射器のピストンを押すように前の空気を押し、圧力の高まった空気はトンネルの外へ一気に押し出されます。

この時、大きな破裂音が発生することがあります。これは「トンネル微気圧波」と呼ばれ、山陽新幹線が延伸し、博多開業を迎えるための試験運転を行っていた1975年ごろに、現象が認められるようになりました。特に東北新幹線のように山岳部で連続した多くのトンネ

ALFA－X の 1 号車(上)と 10 号車(下)(2024 年，JR 東日本提供)

ルを抜けながら走る場合は、影響が大きくなります。

そのため、列車の先頭部を長くとがらすことで、空気を前に押し出す現象を弱めてトンネル微気圧波の発生を抑え、破裂音を小さくしているのです。

先頭部分の長さは、最高速度320㎞/hで走っている現在のE5系では約15mです。JR東日本が360㎞/hで試験走行を行っているALFA-X(E956形)は1号車が約16m、10号車が約22mになっています。まるで槍の穂先のように見えますね。


(☆/2024年6月7日)

3章
技術・システムのあゆみ

転車台

向き変更　電気機関車も使った過去

鉄道博物館の車両ステーション中央には、転車台(ターンテーブル)があります。元々、蒸気機関車の向きを変えるために使われるものです。

蒸気機関車は色々な形のものがありますが、石炭と水を積んだ炭水車(テンダー)を連結したものをテンダー式機関車、ボイラーや動輪などがついたエンジン部に石炭も水も積む形のものをタンク式機関車といいます。

テンダー式機関車は、石炭と水をたくさん積めるので、特急など長距離を高速で走る列車に使うために造られました。前向きで走る時は全速力で運転ができるような構造になっていますが、後ろ向きに走る時は低速で運転しなければならないのです。そのため、列車の終点で機関車の向きを変える必要がありました。

タンク式機関車は、小型にできるので、ローカル線などで短い距離を走る列車のために造られました。このため、どちらの方向へも同じ速度で走ることが可能な構造とし、転車台も

長野機関区の転車台(1954年，長野県)

必要ありませんでした。

ところで、鉄道博物館の転車台には時々、C57形蒸気機関車の代わりにEF55形電気機関車が載っています。電気機関車は通常どちらの方向にも全速力で走れるよう造られているのですが、このEF55形はテンダー式機関車のように一方向にしか全速力で走ることができませんでした。

1930〜40年代、機関車を流線形にすることが世界的に流行しました。EF55形は空気抵抗を考えて片側だけを流線形にしたため、このようになってしまったのです。電気機関車なのに転車台が必要ということで、使い勝手が悪く、わずか3両しか造られませんでした。

（☆／2017年7月1日）

貨物列車を見送る先生と子供たち(1954 年)(上),
列車の旅を楽しむ生徒たち(1963 年)(下)

電力回生ブレーキ
エコに貢献する「小さな発電所」

電車や電気機関車は屋根の上のパンタグラフから電気を取り入れ、その電気でモーターを回して走っていることは、皆さんもご存じですね。では、電車や電気機関車が発電所のように電気を起こしているのはご存じですか?

自転車に乗る時、夜道が暗くなると手でレバーを操作し、発電機をタイヤに押し付けて前照灯をつけた経験があるでしょう。その状態でペダルをこぐと、少し重く感じませんか。ペダルが重くなるのは、前照灯をつけるために発電機が電気を起こしているからなのです。電気を起こせばペダルが重くなるこの原理を応用し、電車もモーターを発電機にして電気を起こし、ブレーキの役目をさせているのです。

少し前までは、発電した電気を電熱器のような抵抗器と呼ばれるものに通して熱にかえて、空気中に放散していました。「発電ブレーキ」といいましたが、とてももったいないことをしていました。

山手線の最新型 E235 系電車ももちろん電力回生ブレーキを装備する(2020 年，西日暮里〜田端間)

そこで鉄道技術者たちは、発電した電気を架線に送り返して他の電車に使ってもらおうと考えました。電気技術の進歩でそれが実現し普及したのは1970年代。「電力回生ブレーキ」といいます。まさに電車が「小さな発電所」になったのです。最近の電車や電気機関車の多くがこの方式を採用しています。

鉄道は他の交通機関と比べてエネルギーの消費量が少なくエコだと言われてきましたが、電力回生ブレーキの実現でさらにその特徴が際立つことになりました。もちろん新幹線もこの方式を採用しています。

(☆／2017年9月16日)

振り子式車両
カーブが得意　信濃路に発展型

ＪＲ大宮駅を発着し、子どもたちに大人気の東北新幹線Ｅ５系と秋田新幹線Ｅ６系。これらは「振り子式」と呼ばれる列車が発展したものであることをご存じですか？

振り子式車両は元々、カーブが多い路線の速度向上を目指して開発されました。カーブにさしかかると、遠心力で車体下部が振り子のように外側に振れて車体を内側に傾け、カーブを高速で通過しても乗客が遠心力をあまり感じないようにする仕組みです。

営業運転をした最初の振り子式車両は１９７３年、中央本線(中央西線)・篠ノ井《しののい》線の特急「しなの」(名古屋〜長野間)です。遠心力だけで車体を傾ける方法では、カーブに入ってから車体が傾くまでに時間差があり、乗り心地を悪くしてしまうことがありました。そこで様々な技術開発が行われました。最新のものは振り子式ではなく、カーブの位置を正確に把握し、車体を左右で支えている空気ばねの高さを変えることで車体を傾ける方式です。「空気ばね式車体傾斜方式」と呼びます。極めてスムーズに車体を傾けられ、乗客はカーブに入ったことすら気がつかないほどです。構造も単純化され、メンテナンスもしやすくなりました。

実はE5系やE6系、東海道・山陽新幹線のN700系などはこの方式を採用しています。新幹線にさほど急なカーブはありませんが、車体を傾けることでカーブでも速度を落とすことなく、快適性を保ちながら走れるようになりました。振り子式は、各地のディーゼルカーなどにも使われています。

カーブの多い中央本線を行くE353系(2017年，初狩～笹子間)

12月23日、カーブの多い中央本線(中央東線)でこの方式を用いたE353系が新しい「スーパーあずさ」(新宿～松本間)としてデビューします。乗り心地も確かめながら、冬の信濃路へ向かうのもいいですね。

＊「スーパーあずさ」は2019年3月に使用車両がE353系のみとなり、列車名を「あずさ」に統一した。

(☆／2017年12月9日)

ホームドア
転落防止に加え混雑緩和にも一役

駅ホームの転落事故を防止しようと、ホームドア(可動式ホーム柵)の設置が進められています。日本初のホームドアは1974年、東海道新幹線の熱海《あたみ》駅に設置された、腰の高さまでのものでした。新幹線以外では、1981年開業の神戸新交通ポートアイランド線に初めて設置されました。こちらは天井付近まで覆う壁に扉をつけた方式でした。

ホームドアを設置するには、ホームの構造がホームドアの重量や列車進入時の風圧などに耐えられなければならず、様々な方式が開発されています。両開き、片開き、棒やロープが上下に動くものなど。天井付近まで覆う壁だと冷暖房装置も設置できるため、より快適になります。

ホームドアは混雑緩和にも役立ちます。列車が近づくと「黄色い線の内側までお下がり下さい」というアナウンスがありますが、ホームドアがあれば乗客はホームドア近くまで並ぶことが可能で、ホームを目いっぱい使うことができます。

乗降客が多い都市部の駅では順次設置され、国土交通省の検討会は２０１６年、１日10万人以上が利用する駅を優先してホームドアの整備を進めていくとする中間とりまとめを公表しています。埼玉県内のＪＲ線では、２０１７年にさいたま新都心駅と浦和駅の一部に設置され、蕨《わらび》駅にも２０１９年度末までに設置される予定です。

ホームドアがある駅では、列車を停止位置にほぼピタリと止めないとホームドアが開きません。停止位置がずれた場合、正確な位置に戻さなければなりませんが、それでは列車が遅れてしまいます。このため、山手線では停止位置に正確に止めるためのブレーキを自動化し、混乱が生じない対策がとられています。これは運転士の負担軽減にもつながっています。

（☆／２０１８年４月７日）

さいたま新都心駅の京浜東北線ホームに設置されているホームドア（2021年，JR東日本大宮支社提供）

パンタグラフ
高速化めざす新幹線の騒音対策

電車は屋根の上に菱形《ひしがた》やその半分の形(シングルアーム形)をした針金細工のような集電装置を載せ、架線(空中にはった電線。トロリー線ともいう)を擦りながら動きます。その装置をパンタグラフといいます。電車や電気機関車は、蒸気機関車などのように自ら動力を作れないため、架線から集電装置で電気を取り入れ、その電気でモーターを回して走っています。

パンタグラフは元々製図用道具のことで、菱形の集電装置がその形に似ているため命名されました。菱形を長年使ってきた流れで、シングルアーム形のものもパンタグラフと呼びます。シングルアーム形は小型で軽く、架線の高低差によくなじむので、最近は主流になっています。

高速で走る新幹線はパンタグラフが風を切る「空力音」が大きな騒音になります。これを軽減しようと、1964年の東海道新幹線開業から小型の菱形パンタグラフが使われてきました。今は騒音がより小さいシングルアーム形が主流。最近のE5系やE6系はそれぞれ単独で走る時、2基あるシングルアーム形のうち、使うのは1基だけにして騒音を軽減しています。さらに高速化を目指す新幹線には、騒音対策が不可欠です。世界一厳しいといわれる日本の環境基準を、今後どんな技術で乗り越えるでしょうか。

鉄道博物館に展示されたE5系，E6系で使われているシングルアーム形パンタグラフ（2011年）

首都圏では菱形パンタグラフが珍しくなってきました。大宮駅のＪＲ線では、武蔵野線経由の「むさしの号」などの２０５系がありますが（２０２５年現在は２０９系及びＥ２３１系を使用）、一部の編成はシングルアーム形になっており、菱形は減ってきています。２階建て新幹線車両Ｅ４系のパンタグラフは、０系から４００系まで使われた「下枠交差式」という構造ですが（３００系はその後シングルアーム形に変更）、これも２０２１年のＥ４系引退とともに新幹線車両からは姿を消す予定です。

（☆／２０１８年５月２６日）

自動連結器へ取り換え
93年前 短期間で5万両分交換作戦

鉄道の車両は、乗客や貨物が増えると複数の車両を連結器でつないで運転することになります。新橋〜横浜に日本初の鉄道が開業したのは1872(明治5)年。その時すでに、小型の客車や貨車を10両程度連結して機関車で引っ張る列車が登場しています。

当時の連結器は、つなぐ車両同士に少し勢いをつけてバネが入った緩衝器《かんしょうき》(バッファー)を接触させ、その瞬間に作業員の手で鎖を他方のフックにかけて、ねじで間隔を詰める方式(ねじ式連結器)でした。しかし作業員が車両間の狭い場所に立って作業をするためとても危険で、バッファーに挟まれて亡くなったり、大けがをしたりする人が後を絶ちませんでした。

また、締めつけが不十分だと鎖とフックの間に隙間ができて、発車などの衝撃で壊れてしまうこともありました。このため、米国で古くから使われ、北海道ですでに導入されていた「自動連結器」に取り換えることになりました。これだと作業員が車両の間に入る必要がなく安全でした。

ただ、取り換えは容易ではありません。ねじ式連結器の車両と自動連結器に取り換えた車両が混在すると、連結できないケースが生じるため、短期間で一斉交換する必要があったのです。そこで当時の鉄道省は、一部の地方を除く全国の車両の連結器を一斉に取り換える計画を立て、客車を除く機関車と両数の多い貨車については1925（大正14）年7月17日（九州は7月20日）に行い、合計で約5万両の連結器を取り換えました（客車は編成中間の連結器を事前に交換し、編成両端の連結器を7月17日に交換）。

ねじ式連結器を自動連結器に取り換える様子（1925年）

自動連結器は幾つか種類がありますが、その1つの模型が鉄道博物館の歴史ステーションに展示されています。連結・解放の動作が体験できるので、一度お試しください。

（☆／2018年8月11日）

台車
乗り心地・安全運行……縁の下の力持ち

「台車」と聞いて多くの人が思い浮かべるのは、オフィスや宅配便の配達で荷物を運ぶ時などに使われる、車輪付きの手押し型のものでしょう。一方、鉄道車両の台車は、車体を支えて走るための重要な機構です。

初期の電車は車体が短く、車体の下に車輪2対を直接取り付けて走りました。利用者が増えて車体も大型化すると、車輪2対だけでは支えきれなくなり、車両が高速でカーブを曲がるのも難しくなったため、新たに台車が開発されました。車輪2対を枠に収めた「ボギー台車」です。車体の両端近くに取り付け、4対の車輪で車体を支える構造になっています。

鉄道博物館には一般的な2軸ボギー台車と並び、3軸ボギーの台車も展示されています。3軸台車は、客車が大型化して重量が増し、2軸台車では支えきれなくなったため開発されたものです。その後、車両の軽量化に伴い、現在は再び2軸台車が主流となっています。

乗り心地を良くするため、台車にはばねを使います。鋼の板を重ねた「板ばね」と言われ

特急「草津」などに使用された651系．空気ばねを用いた高速用台車が支える(2019年，大宮総合車両センター東大宮センター)

るものや、鋼の線をらせん状に巻いた「コイルばね」などがあります。現在は空気の弾力性を利用した「空気ばね」を用い、補助的にコイルばねなどを使うものが主流になっており、乗り心地は格段に良くなりました。

高性能のばねには、乗り心地を良くするだけでなく、車輪をレールによくなじませ、高速運転時などの安定性を増す役割もあります。台車は安全運行を支える屋《や》台骨《たいぼね》であり、文字通り「縁の下の力持ち」なのです。

（☆／2019年5月10日）

鉄道の電化

都会エリアは直流 地方線区は交流

埼玉の鉄道は八高線の高麗川《こまがわ》以北を除き、すべて電化されています。東北本線、高崎線、川越線、埼京線などは直流で、新幹線は交流で電化。東北本線は黒磯から北側は交流で電化されています。何だかややこしいですが、乗客の皆さんにはどっちでもいいことですね。直流は電池などから出てくる電流、交流は私たちの家庭に来ている電流です。

なぜこのようなことになっているのでしょうか。蒸気機関車が引っ張る列車は、煙を出すので乗客の顔や衣服が汚れ、干してある洗濯物も汚れるだけでなく、周りに火の粉を散らしたりするので、家や工場が密集した都会では厄介《やっかい》者扱いでした。

電気で走ればこのようなことはなくなるので、都会の鉄道は早くから電化されました。その時にはまだ電気技術が発達しておらず、取り扱いやすい直流で電化したのです。その後交流で電化する方が地上設備が少なくて済み安上がりにできるなど、メリットが多いことがわかり、1957年には交流電化が始まりました。このため、都市部は直流、地方線区は交流

常磐線の交直セクションを通過する普通列車(2019年，取手〜藤代間)

により電化されることになったのです。今も東京や大阪の都心部など、早くから電化したところは直流電化になっています。

直流電化を進めている途中に交流電化をすることになった線区はセクションを設け、直流と交流を切り替えて走ることになりました。以前、東北本線の黒磯付近や常磐線の取手〜藤代間では運転中の列車の照明が短時間切れることがあったのはこのためです。今では車両が改良され停電は起きません。誰も気がつかないうちに交直セクションを通過しています。

(☆／2019年6月21日)

「電車」とは
モーターの「動力分散方式」で高速化

通勤通学や旅行で私たちは電車を利用しますね。「電車」というのは本来、お客様を乗せて電気で走る鉄道車両のこと。でも私たちは何でも無意識に「電車」と言っています。蒸気機関車が引っ張る列車を見て「あっ、煙を吐《は》いて走る電車が来た!」という子どもたちの声も聞きます。鉄道車両にはほかに「ディーゼルカー(気動車)」「客車」「貨車」があり、客車や貨車を引っ張る「蒸気機関車」、「電気機関車」、「ディーゼル機関車」、線路や架線などを点検する「試験車・事業用車」もあるのです。

日本では都市内を除き、長距離を走る列車は機関車で客車や貨車を引っ張る「動力集中方式」が用いられてきましたが、速度を上げようとすると機関車の馬力を上げなければならず、機関車が大型になり重くなってしまいます。

日本は地盤の弱い地域が多く、その上には丈夫な線路が敷けないので、大型の機関車が高速で走るのは難しかったのです。そこで機関車ほど重くないモーター付きの車両を編成の中に分散し、高速運転をすることにしたのです。これを「動力分散方式」と言い、1958年に東海道本線の東京〜大阪・神戸間に、ビジネス特急「こだま」として、この方式による電車特急が初めて誕生しました。

運転開始初日の電車特急「こだま」(1958年，東京駅)

以降、新幹線を含め高速で走る多くの列車は電車方式となりました。硬い地盤の上に敷いた丈夫な線路を大馬力の重い機関車が1両か前後に各1両を連結して走るヨーロッパの高速列車にも、動力分散方式の良いところを採りいれて電車方式にした列車も現れています。

(☆／2019年10月25日)

博覧会と鉄道
未来イメージ 最新の交通技術導入

1970年3月から9月まで、大阪で日本万国博覧会が開催されました。「人類の進歩と調和」をテーマに、戦後高度経済成長を成し遂げて経済大国となった日本の姿を世界に示すイベントとして開催され、約6421万人もの人々が会場に押し寄せました。

博覧会開催は多数の来場者を輸送するため交通アクセス整備の契機ともなり、これまでの多くの博覧会でも、未来をイメージさせる各時期の最新の交通技術が導入されてきました。大阪万博では国鉄が会期中2200万人もの観客を輸送しましたが、なかでも東海道新幹線が大増発されて観客輸送を担い、「走るパビリオン」と呼ばれました。広い会場内での移動には、当時最新の乗り物だったモノレールが運行されています。

1985年の国際科学技術博覧会(つくば科学万博)では、常磐線に万博中央駅(現ひたち野うしく駅付近)を開設。同駅と会場を結ぶ2車体の連接バスが初めて使用され、会場内では磁気浮上式鉄道のデモ走行が行われました。

１９９０年の国際花と緑の博覧会(花博)では、会場への足として初のリニアモーター駆動のミニ地下鉄(現大阪メトロ長堀鶴見緑地線)が開業。２００５年の日本国際博覧会(愛知万博)では、アクセス用に日本初の磁気浮上式リニアモーターカー・愛知高速交通(リニモ)が開業し、会場内では天然ガスを燃料とした低公害バスや燃料電池バスが使用されています。２０２５年に大阪で開催される日本国際博覧会では、どのような交通機関が登場するのでしょうか。

(★／２０２０年７月１０日)

大阪万博会場内で運行されたモノレール．自動運転を行い，駅にはホームドアを設置していた(1970年)

高速鉄道網 構築に課題
新幹線と在来線の線路幅に違い

日本の鉄道は1872(明治5)年に新橋〜横浜間で営業を始めました。その時に線路の幅は1067㎜の狭軌《きょうき》を採用しました。その後、日本経済は急速に発展し、狭軌では大量の貨物が運べず高速運転もできないので、全国の鉄道を幹線から順次、1435㎜の標準軌に改良する動きがありました。標準軌用に改造した車両で試験を行い、技術的には問題ないことが分かりましたが、標準軌に改良して輸送力を増強するよりも、全国津々浦々に鉄道網を広げることにしました。

標準軌による東海道新幹線が開業したのは1964年。日本における高速鉄道の幕が開き、その後、新幹線による高速鉄道網が広がっていきました。しかし、軌間が違うことから新幹線と在来線を結んでネットワークを作ることができないため、在来線の軌間を広げ、新幹線列車を直通させることにしました。これが山形新幹線と秋田新幹線です。

駅などは在来線のままなので、新幹線を走る車両も在来線の規格としなければなりません。

山形新幹線区間を行く最新車両，E8系(2024年，板谷駅)

定員が減り、車体の幅が新幹線より狭いため、新幹線の駅に停車するときには、車体からステップを出すなど特別な構造にする必要があります。新幹線と在来線の直通運転をするため、線路はそのままにして、車輪の幅を変えられるフリーゲージトレインを用いる試験を行ったのですが、技術的な問題が難しく、実現していません。

世界に先駆けて新幹線を建設した日本が、軌間が異なるため、ヨーロッパのような高速ネットワークをつくれないのは残念ですね。

(☆／2020年10月23日)

ミニ新幹線
少ない費用で地域に「速達効果」

本日7月1日は、1992年に山形新幹線の福島〜山形間が開業し、東京〜山形間で「つばさ」が運転を開始した日です。新幹線建設は各地で望まれましたが、レール幅や曲線・勾《こう》配《ばい》・車両の規格、使用電圧が在来線と異なるためゼロから路線を作る必要があり、膨大な建設費を前になかなか建設が進みませんでした。

そこで、フル規格の新幹線建設よりも少ない費用で、新幹線の「速達効果」を新幹線建設の予定のない地域に及ぼすために導入されたのがミニ新幹線(新在直通新幹線)方式でした。山形新幹線は奥羽本線の福島〜山形間を新幹線のレール幅に広げ、新幹線へのアプローチ線の建設などの工事が行われました。この時「つばさ」用に作られたのが400系です。新幹線区間では240㎞/h、在来線区間では130㎞/hで走行でき、急勾配の続く福島〜米沢間も走行可能になりました。

車体は在来線規格で新幹線車両よりひと回り小さく、新幹線用ホームとの隙間を埋める可

最初のミニ新幹線車両，400 系(2007 年，高畠～赤湯間)

動ステップを備えています。新幹線区間では「やまびこ」用の200系と連結して走るため、短時間で連結・解放が可能な連結器もついています。

「つばさ」の運転開始により、東京～山形間は、それまでの新幹線と在来線特急の乗り継ぎより42分短縮されました。乗り換えなしで山形まで直通できることで、利便性が大幅に向上しました。

以来約30年、山形新幹線は新庄まで延伸され、秋田新幹線「こまち」が秋田へ直通するようになり、ミニ新幹線網は広がっています。

(★／2021年7月1日)

埼玉県内にあった車両製造工場

0系新幹線なども量産　今は団地

埼玉県内に鉄道車両を造る工場があったのをご存じでしょうか。名古屋市に本社がある日本車輌製造株式会社の東京支店蕨工場として、1934年に現在の川口市のUR都市機構(旧・日本住宅公団)川口芝園団地がある場所に設けられ、1971年まで数々の鉄道車両や自動車、信号部品などを製造していました。

多くの鉄道車両は工場内へ伸びる引き込み線から東北本線に出て、全国各地に運ばれていきました。蕨工場では、当時の最先端を行く鉄道車両の製造が行われました。電車を鉄道輸送の主役にする先駆けになった80系「湘南電車」に続き、新方式の通勤電車モハ90形(後の101系)を製作し、東海道新幹線用の試作電車製造の後、多くの量産型0系を製造し送り出しました。

しかし、1970年代に入ると鉄道車両業界の不況により、同社は、鉄道車両の製造箇所を集約することになり、蕨工場は閉鎖する決定がなされました。1971年に最後の国鉄向

かつて鉄道車両工場があった場所．現在は川口芝園団地になっている（2010年，埼玉県川口市）

け電車を送り出して使命を終えたのです。翌年には当時の日本住宅公団に工場敷地を引き渡し、現在の団地が造成されることになりました。

蕨工場で1964年に製造された0系新幹線電車21形2号は、鉄道博物館に保存展示されています。県内の車両工場で造られた車両が、埼玉県にある博物館に展示されることになったのは素晴らしい縁であると思います。

（☆／2021年8月5日）

ロングレールの敷設
継ぎ目の騒音減らし乗り心地改善

「ロングレール」とは文字通り長いレールのことです。レールの長さは時代によって変わってきました。かつては10m、20mで、今は25mの長さが標準です。以前はレールの継ぎ目を渡る「カタン、コトン」という音を聞き、スピードを感じながら旅をしていたのですが、最近はその音があまり聞かれなくなりました。レールに継ぎ目があると騒音を出し、乗り心地が悪くなるため、25mのものを溶接し200m以上のロングレールにしているからです。

そのため、昔のように継ぎ目の音で列車が速く走っているのか遅いのかを感じることができなくなりました。その分、列車の中や沿線での騒音が少なくなったり乗り心地が良くなったりしているのです。しかし、レールは鉄でできているので、温度により伸び縮みします。ロングレールにすると、それが大きくなるので、そのままでは横にはみ出したり盛り上がったりする「座屈《ざくつ》」という現象が起こってしまいます。

そのため、路盤を丈夫に造ったり継ぎ目を「伸縮継ぎ目」という特別な構造にしたりして

ロングレールを運ぶディーゼル式レール運搬車(2021年，大宮〜宮原間)

います。現在では150mのものが多く使われています。

さて、そんなに長いものをどこで造り、どう運ぶのでしょうか。レールセンターというところで150mや200mの長さに溶接し、特別な構造のレール運搬車で現場に運び、再び溶接してロングレールにして敷設します。何両かの貨車の上に載せて機関車が引っ張ったり、黄色い色の小さなクレーンを取り付けたディーゼル式のレール運搬列車で運んだりしています。

(☆／2021年10月14日)

鉄道界の「カント」
車体を傾け　カーブも安全運行

カントと言えば、18世紀ドイツの哲学者を思い浮かべる人が多いと思います。鉄道の世界にも、人の名前ではありませんが「カント」という言葉があります。列車がカーブを曲がるとき、外側のレールを内側よりも高くして車体を傾けています。この傾きのことを「カント」と言います。

運動会でトラックを走るときや、自転車やバイクに乗ってカーブを曲がるとき、身体を傾けますよね。それと同じ原理です。スピードを上げてカーブを曲がろうとすると、遠心力が働くため、あらかじめ身体や車体を傾けておくことで、スムーズに曲がることができます。

鉄道の場合、速度に応じたカントを付けます。ただ、列車の速度を上げるのに合わせ、カント量を大きくして車体を傾ければいい、というものではありません。カーブの区間で列車が速度を下げたり停止したりしたとき、内側に倒れてしまう恐れがあるからです。そのときに列車が強風を受ければ、いっそう危険が増してしまいます。

JR宇都宮線のカーブを走るE231系電車(2018年，東鷲宮～栗橋間)

このため、一定量以上のカントを付けることはできません。安全な運行のため、カーブを通過するときには列車の速度を制限しています。

列車が駅に入る手前で揺れることがありますよね。これも、カントが関係しています。線路が分かれるポイント部分に列車が差し掛かるとき、カーブになっているため、通常はカントを付ける必要があります。でも、ポイント部分には構造上、カントを付けることはできないので、列車の速度を大きく下げることにより揺れを小さくしているのです。

(☆／2022年5月17日)

空気ばね
ゴムの性能よくなり国内外に普及

電車に乗り降りするとき、電車の出入り口とホームとの間に大きな段差はありません。でも、これって不思議ではありませんか。乗っている乗客が多い車両だと、重さで沈むはずなのに。乗客や荷物の多さに関わらず、車両を一定の高さに保てているのは「空気ばね」のおかげなんです。

電車や自動車が走るとき、レールや地面からの振動を抑えるために「ばね」は使われています。昔は、鋼《はがね》をらせん状に巻いたコイルばねや鋼の板を何枚か重ねた板ばねでした。乗り心地をもっと良くするために、空気を入れたゴム風船のようなばねがあれば、という考えは古くからありました。しかし、鉄道車両や自動車のような厳しい条件で使うためには耐久性に問題がありました。

ゴムの性能が格段に良くなったことで、実現できたのです。空気ばねには、細かい振動(ビビり振動)を伝えない特性があり、乗り心地は向上しました。

車輪2対の中央部と車体が接する部分にあるのが「空気ばね」(2022年，大宮総合車両センター東大宮センター)

ただ、たわんだり戻ったりする動きが始まると、なかなか収まらない性質があるため、素早く収める(減衰させる)ように構造を工夫しています。

人や荷物を載せて、ばねがたわんで車体が沈んだときは、空気を補充して素早く元の高さに戻すという働きをします。一方、乗客が降りたり荷物を下ろしたりして車体が持ち上がったときは、空気を抜いて元の高さに戻します。これにより、車体が一定の高さになっているのです。

国内外を問わず、いまは、多くの旅客用車両に空気ばねが使われています。

(☆／2022年6月23日)

列車のブレーキ
車より「もっとすぐには止まれない」

自転車や自動車のように、動いているものを止めるときはブレーキをかけますね。目の前に人が飛び出したようなときには、急ブレーキをかける必要があります。

交通事故を防止するための標語に「とび出すな、車は急に止まれない」がありますが、列車は「もっとすぐには止まれない」のです。自転車や自動車のように、ゴムタイヤの車輪がアスファルトなどの上を走っているときには急ブレーキで比較的短い距離で止まれますが、列車は違います。鉄のレールの上を鉄の車輪で走っているからです。強いブレーキをかけると、車輪が止まったままレールの上を滑ってしまい、止まるまでの距離が延びてしまうのです。止まるまでの距離は、車輪と地面やレールの摩擦力の大きさに左右されます。

踏切事故などで、何かにぶつかった列車が何百mも進んだ後に停車したというニュースを見て、不思議に思われたことがあるかもしれません。

その一方で、鉄のレールと鉄の車輪の摩擦力が小さいということは、省エネにもつながり

初めて最高速度130 km/hで走った651系電車(1989年,
金町〜松戸間)

ます。鉄道は、環境に優しい乗り物なのです。

現在では、国の基準が適用されるブレーキ距離以内で止まったり減速したりできる性能を持った在来線の最高速度は、130㎞/hになっています(京成電鉄の一部区間で160㎞/h運転を実施)。さらに高性能なブレーキが開発されれば、最高速度をもっと上げることができるかもしれません。

でも、そのために列車に乗っていても、車と同じようにシートベルトを締めるということになれば、せっかくの列車旅も窮屈《きゅうくつ》になりますね。

(☆/2022年7月28日)

急勾配での滑り止め
豆まきならぬ　砂まきで空転防げ

寒い冬も半ばを過ぎ、2月となると、節分の豆まきが思い浮かびますね。

県内を走る秩父鉄道では、3日に3年ぶりとなる節分のイベント列車「節分豆まきトレイン」が運行されました。熊谷駅を出発した電車は途中の駅で豆まきや鬼との記念撮影などのイベントを行いながら、和銅黒谷駅《わどうくろや》から終点の秩父駅までは、秩父神社の節分行事「鬼やらい」の面を被った鬼が乗車して車内を盛り上げました。

この電車は豆をまいたのですが、砂をまく電車もあるのをご存じでしょうか。

寒い地域では滑り止めのために、道路に砂をまくことがありますが、鉄道車両もレールの上に「砂まき」をすることがあるのです。レールがぬれていたり、落ち葉が積もっていたり、虫が連なってレールの上にいたりすると、車輪が空転してしまうことがあるからです。昔から、重い列車を牽引《けんいん》する機関車には必ず、砂まき装置が備えられていました。

蒸気機関車のボイラーの上には蒸気を取り入れる装置とともに、砂をためておくタンクが

セラミック粒子を噴射する装置が台車に付いているE131系電車(左端)(2022年，小山車両センター)

載っているのが見えるのですが、電気機関車やディーゼル機関車にも取り付けられています。

路線によっては電車にも装備しています。急な勾配があることで知られるJR日光線がそうです。落ち葉などにより空転することがあるので、昔は砂まき装置を付けていました。いまの新しい車両のE131系電車は砂の代わりに、何とセラミック粒子を噴射する最新装置を台車に取り付けて走っています。

(☆／2023年2月13日)

信号機がない
電流や無線で伝え運転室に表示

鉄道も道路も信号があることで、安全な運転やスムーズな流れが保たれていますね。道路には信号機があり、私たちは日頃これに従って車を運転したり歩いたりしています。鉄道もホームの端などに信号機があるのを見たことがあると思います。ところが、近年、信号機がない路線が増えています。例えば、山手線や埼京線には信号機がありません。どうして信号機がないのに、安全に運転できているのでしょうか。

これは、電車の運転室に信号が表示されていて、運転士が線路端の信号機を見なくても安全に運転できるからです。特に、天候が悪く濃霧があるときなどには、効果を発揮します。では、この仕組みはどうなっているのでしょうか。

現在では、線路に信号電流を流し電車が読み取る方法と、無線で信号を送る方法が用いられています。どちらも外から見分けはつきません。線路に信号電流を流す方式は地上にケーブルや信号機器を設置する費用が大きいですが、無線方式にすると、無線基地の設置と電車

大宮駅の信号機（2014年，さいたま市大宮区）

への機器の装備だけとなり、経費が安く、線路のように広い範囲の保守をしないで済むのです。また、列車がより間隔を詰めて運転できるので、増発にもつながります。

無線で列車を制御する仕組みをＣＢＴＣ（Communications-Based Train Control）と言います。埼京線はこの方式の一種を採用しています。また、東京の地下鉄や私鉄などで、この方式の採用を検討し実証実験に取り組んでいる路線もあり、今後も増えていくものと思われます。

（☆／2023年9月21日）

新幹線は世界の「標準軌」
日本の在来線　実は狭い線路の幅

電車の線路の幅を気にしたことはありますか？　実は線路の幅は路線によって違うことがあるのです。しかも、日本の線路の多くは、世界の標準の幅よりも狭いのです。

これは1872(明治5)年に日本で鉄道が開業した時、「標準軌(1435㎜)」と呼ばれている軌間よりも狭い、「狭軌(1067㎜)」を採用したのが始まりです。狭軌を採用した理由は「急曲線に強く日本の地形に適しているから」「費用が安く済むから」など諸説ありますが、ともかく、日本の鉄道は狭軌でスタートしました。

列車の速度がそんなに速くなく、運ぶ荷物も少なかった開業当初は、何の問題もありませんでした。しかし、やがて経済が発展し、高速運転や大量輸送が求められるようになってくると、それまでの狭軌では対応が難しいということが分かってきました。特に大都市を結ぶ鉄道は輸送力が逼迫《ひっぱく》することが予想されました。

1910(明治43)年ごろには、東海道本線や山陽本線を含む全国の路線を標準軌に変えようという機運が芽生えました。試験を繰り返して技術的には問題ないと分かりました。ところが、狭軌のネットワークを全国に広げようという考え方が政府の主流となり、改軌《かいき》は断念されました。その後、高速・大量輸送が必要な区間は、在来線を改軌するのでなく、新たに造ることになりました。それが、現在の新幹線整備につながっています。新幹線が速く大勢の人を運ぶことができるのは、技術革新ももちろんですが、標準軌を採用していることも大きいのです。

しかし、その結果、日本の鉄道は、標準軌の新幹線と、狭軌の在来線のネットワークが別々にでき、そのままでは直通運転ができない状態になっています。

これは狭軌？　標準軌？
(1989年)

とはいえ、みなさんが通勤や通学、買い物などに出かける際は在来線を利用することが多く、狭軌でもさほど不便を感じることはないと思います。狭軌の採用も、あながち失敗だった、とは言えなそうです。

(☆／2023年10月18日)

4 章

鉄道こぼれ話

鉄道郵便
昭和の終わりまで郵便物を運ぶ

鉄道郵便をご存じですか?

1872(明治5)年の新橋~横浜間の鉄道開業と同時に始まり、1892(同25)年から昭和の終わりまでは、専用の郵便車が「走る郵便局」として親しまれたものです。

全国十数カ所の主要駅構内に鉄道郵便局があり、全盛期で約730両あった郵便車が全国津々浦々《つつうらうら》を走り回っていました。多くは客車で編成された列車に荷物車などと一緒に連結されていました。ひと目でそれとわかる、白地に赤い郵便マーク。車体の外側に「郵便差入口」も設置されており、ホームから手紙などを入れることができました。

郵便車は、街中の郵便局で集めた郵便物のほか、駅のポストや車体の郵便差入口に投函《とうかん》された郵便物を仕分けながら走りました。街中の郵便局と同じように、郵便車にも配達先ごとに仕分ける棚があり、走る車内で職員たちが業務に汗をかきました。配達してほしい地域の周辺に向かう列車を選んで投函すると、街中のポストに投函するより早く着いたため、急ぎの郵便物がある人は駅に行ってお目当ての郵便車を探したそうです。
東京や大阪など大都市の中央郵便局は、下りホームの先頭に近い駅のそばに建てられたほか、郵便物集積所は高架下に設けられました。東京発の下り列車の前方に荷物車や郵便車を連結し、エレベーターや地下通路などで素早く郵便物を運べるようにするためでした。

東京の汐留貨物駅にたたずむ郵便車(1986年)

明治以降、郵便輸送の主役の座を占めてきた鉄道郵便も、1986年に114年の歴史に幕を閉じました。列車の停車時間が短くなったり、都合のよい時間帯の列車がなくなったりする列車ダイヤ上の問題のほか、トラック・航空機輸送が発達して鉄道郵便のニーズが減ったためです。

(☆／2017年5月20日)

鉄道公安官
国鉄職員にも憧れの的　狭き門

国鉄時代の鉄道の防犯や事件捜査にあたった国鉄職員を、鉄道公安官(正式名は鉄道公安職員)と呼んでいました。列車内や駅などでは原則、警察官とほぼ同じ司法警察権を持ち、警乗(警戒のための乗車)もしながら常に目を光らせていました。

拳銃《けんじゅう》の携帯も法律で認められていました。しかし、列車内や駅で利用者に威圧感を与える恐れがあり、もし発砲すれば利用者に危険が及ぶ可能性もあったため、通常は拳銃を持たず、警棒や特殊警棒だけを携帯していたようです。

犯罪が起きれば捜査権限を行使しました。列車内のスリや置き引き犯を専門的に摘発するチームが各地にあり、犯人と知恵比べになったという話も残っています。当時のテレビドラマにも登場し、お茶の間でも親しまれました。

特別な任務もありました。お召列車や国賓《こくひん》の警備、現金輸送車を連結した列車への警乗などです。その時は拳銃や手錠を携帯しました。大都市での大きな騒乱などに備え、公安機動隊も組織されていました。

混雑した駅では駅員に交じって案内業務にあたるなど、快適な利用をしてもらおうと笑顔も忘れませんでした。親しまれた存在だったため、国鉄職員にも憧れの的で、大勢が志望しました。しかし、高い競争率を突破するのは至難の業。試験に合格した人はうらやましがられたものでした。

列車内で乗客に笑顔で話しかける鉄道公安官（昭和40年代）

1987年の国鉄の分割民営化に伴い、鉄道公安の制度は廃止され、警察が任務を引き継ぐことになりました。駅の交番「鉄道公安室派出所」には鉄道警察隊が駐在することになり、名称を「鉄道警察隊」と表示しています。鉄道公安官は鉄道の他の仕事に就いたり、警察官に転身したりしました。埼玉県内では約50人が県警に転出し、警察署長を歴任した人もいました。

（☆／2017年6月10日）

硬券
切り口多彩　改札駅員の「技」も

列車といえば切符、というのは昔のこと。現在は、一部の新幹線でも切符を買わずに乗れるようになっています。

埼玉新都市交通(ニューシャトル)では1983年の開業時、国内の鉄道では初のプリペイドカードが発売されましたが、お金を出して買うのと手間はあまり変わりませんでした。その後、都市圏では交通系ICカード「Suica《スイカ》」「PASMO《パスモ》」などを使って自動改札機を通るチケットレス方式が普及。いちいち運賃表を見ながら券売機にお金を入れる煩わしさがなく、とても便利になりました。

昔はどうだったでしょうか。まず出札窓口に行き、厚めの紙でできた乗車券(硬券)を購入。改札係の駅員に改札鋏《ばさみ》で切符にパンチを入れてもらい、降車駅の改札口で駅員に渡して出ました。

都心の駅では、一度に大勢の利用客が切符を持って改札口を通りました。利用客の多い駅では改札口がたくさんあり、それぞれの通路脇の囲いの中に立った駅員が切符を1枚ずつ受け取り、どこかにパンチを入れます。パンチの箇所や形で、おおよそ何時ごろにどの駅の改札口を通ったかが分かるようになっていたのです。

遊び心のある駅員もいて、鋏をリズミカルにカチカチ鳴らして音頭を取ったり、上に投げた鋏を格好良くキャッチしてからパンチを入れるアクロバット技を見せたり。今では考えられないような姿はテレビでも話題になりました。

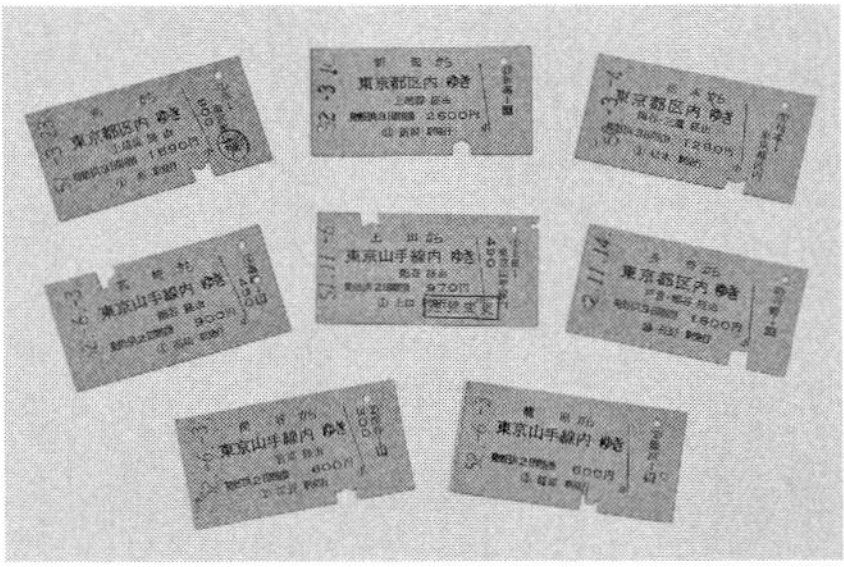

昭和 50 年代に使用された懐かしい硬券．パンチの箇所や形が 1 つ 1 つ異なり，収集がブームになったことも

運賃が3等級制だった頃の乗車券は、区別しやすいように色分けされていました。1等は白、2等は青、3等は赤。金額が違うので、切符の色でその利用客の懐具合が想像できたといいます。ちなみに私はいつも赤切符でした。

（☆／2017年11月18日）

列車のトイレ
まるでホテル「黄害」から隔世の感

「トイレに走る」ことはありますが「トイレが走る」とはどういうことでしょうか。長時間乗り物に乗ればトイレに行きたくなりますすね。そのため飛行機や船舶、列車はもちろん、今では長距離バスにもトイレが付いています。

1872(明治5)年に新橋〜横浜間で日本初の鉄道が開業した時、トイレはありませんでした。乗車時間は約53分。翌年には我慢できなくなった男性客が窓から用を足し、高い罰金を払わされたという話が残っています。

早くに客車にトイレが付いたのは、1880(同13)年に開業した北海道・幌内《ほろない》鉄道の上等客車「開拓使号」です。鉄道博物館に展示され、窓越しにトイレを見ることができます。米国製のため洋式でした。1888(同21)年には山陽鉄道(現山陽本線)、1889(同22)年には東海道線の客車に和式トイレが設置。私鉄では1924(大正13)年に南海鉄道(現南海電鉄)に初めて取り付けられました。全て「垂れ流し式」で排泄《はいせつ》物を直接線路に落としていたため、その後「黄害」だと大きな社会問題になりました。そこで対策が考案されました。排泄物に殺菌剤を混ぜて排出する方法や、固体だけを容器に取り込んで車両基地で焼却する方法などです。１９６４年に開業した東海道新幹線で初めてタンク式が採用され、その後タンク式で洗浄水を循環使用する汚物処理装置が開発されました。

２００１年にはＪＲのすべての営業用車両でこの装置の取り付けが終わり、ようやく黄害問題が解決しました。最近の列車トイレはホテルのものと見間違うようなきれいなものもあり、隔世の感があります。トイレに長居をして下車駅を通り過ぎないよう、旅をお楽しみください。

（☆／２０１８年１月13日）

鉄道博物館に展示中の「開拓使号」のトイレ

日本と台湾の鉄道史
多い共通点、統治時代の車両保存も

鉄道博物館では2018年の4月から9月まで、明治150年にちなんだ企画展「NIPPON 鉄道の夜明け」を開催しました。これを見た台湾の高雄市立歴史博物館から、台湾と日本の鉄道史についての交流展を開きたいと申し入れがあり、協力することになりました。鉄道模型や資料を貸し出すことにし、同市のハマセン鉄道館で「NIPPONからTAIWANへ：鉄道の夜明け――鉄道博物館交流展」が2019年7月から2020年6月まで開かれました。開幕日には高雄市立歴史博物館館長と鉄道博物館館長による協定書の署名式もありました。大変盛況だったようです。

台湾は日清戦争後の1895(明治28)年に日本が統治を始め、政府は産業や教育、その他の社会インフラの構築を強力に進めることに。鉄道輸送を充実させる必要性から、台北地区を中心に清国が建設していた鉄道の延伸を引き継ぎ、全島規模で建設することにしたのです。

現在、台湾と日本の鉄道には在来線の軌間(線路の幅、ゲージ)が狭軌(1067㎜幅)である

など共通点が多いほか、台湾の新幹線が日本のものをモデルに造られているなど、日本の鉄道技術をもとにした部分も多く見受けられます。また、台湾各地には日本統治時代の鉄道車両などが保存展示されていますし、台湾に旅行された方はその時代の建物なども保存されていることに気づかれたかもしれません。

今回だけでなく、鉄道博物館は台湾でのシンポジウムに参加したり、台北に設置計画がある国家鉄道博物館の建設にも協力したりしています。

（☆／2019年9月13日）

台湾で開かれた鉄道博物館交流展のポスター(2019年)

「station」の訳語は？
「駅」の用語　定着までに50年近く

「鉄道館」「蒸気車会所」「車舎」「火輪車会館」「ステンショ」……。聞き慣れないこれらの言葉、何をさすか分かりますか？　そう、これらは明治の鉄道創業期に駅を示すために使われた用語なのです。雰囲気が伝わるものから意味不明なものまで、さまざまです。ではなぜ、多くの用語が使われたのでしょうか。

現在の「駅」は、鉄道を利用する旅客の乗降場所をさす用語として広く使われていますが、日本に鉄道が導入された際に「station」という英語をどう訳すのか、なかなか決まりませんでした。当時「駅」という用語は古代以来の宿駅制の用語として使われており、これを用いることはできず、色々な言葉が生まれたのです。

一方、鉄道当局内ではそのままカタカナ表記の「ステーション」を使用。明治10年代には「停車場《ていしゃじょう》」という訳語が正式な用語として定着します。「駅」は旧来の駅制度が廃止され、町村制の施行により地名としての「駅」が消滅した明治20年代になって、「停車場」のうちの

1914年開業の東京駅．建設中は「中央停車場」と呼ばれ，開業にあたって「東京駅」と命名された(1924年)

固有の名を示す場合に使用されるように。一般には「○○駅」という言い方が定着し、使われるようになりました。

その後「停車場」は駅・操車場・信号場を総括する用語として、「駅」は停車場の一分類である「列車を停止し旅客または荷物を取り扱うための場所」を示す用語として用いられるように。これが正式に確定したのが1921(大正10)年のこと。「station」が「駅」という用語に置き換わり定着するまで、50年近い歳月を要したことになります。

(★／2019年11月15日)

電車の着色
ペンキとシール、2つの方法で

鉄道会社では車両の色を工夫し、独自性を出したり、どの線を走り行き先がどこなのかが分かるようにしたりしているものがあります。首都圏では、JRや地下鉄の一部が路線別の色を定め、車両の色を見ただけで、どの路線かが分かるようにしています。

電車の着色には、2つの方法があります。1つはペンキ（塗料）、もう1つは色付きシールです。前者は車体全体にペンキを塗ることにより、会社の特徴を出す場合や、特急電車に高級感を持たせるために採用しています。この方法では、車両を鉄で造るときにできたひずみを取るために車体に多くの穴を開け、その後溶接した痕跡《こんせき》や、特急電車や新幹線車両のように前面の形を複雑な曲線に加工するときにできる傷を、ペンキで消すことができるのです。

後者は主に軽量化を図るためにステンレスを使用した車両に用いられる方法で、色付きシールを貼り付けます。車体を機械で洗う時などに剝《は》がれないような、丈夫なものになっています。塗装をしないということは、整備工場に入ったときに塗装のための工程が不要になり、

東北新幹線を走行する塗装方式のE6系電車(2012年，大宮～小山間)

検査・修繕の際の時間と経費が減らせるというメリットがあります。そのため現在では多くの車両がステンレス製になっています。なお現在の新幹線車両や在来線の特急用車両の多くは、アルミなどの軽合金で作られています。

また、ステンレス車両であるにもかかわらず、イベントなどの時に車体全面にシールを貼り付けたものも出現することがあります。はがすのが大変でしょうね。

ステンレスでは複雑な曲面を作ることが難しく、これからもペンキで塗装した車両が特急電車や新幹線電車として活躍すると思われます。

(☆／2019年12月6日)

トンネルの「幕引き」
SLの煙から乗務員や乗客守る

「幕引き」とは何かが終わるときのことを意味する言葉ですが、蒸気機関車が走っていた時代には「幕引き」という仕事がありました。

蒸気機関車は、坂道を上るときや重い列車を引っ張るときは力を出すため、石炭を多く焚《た》き黒い煙をたくさん吐きます。長いトンネルは山の湧き水を外に流すため、入口と出口よりも中央部を高くしているものや、一方向へ坂になった構造のものもあります。上りになる場合が多いので全力で突入するのですが、スピードが落ちてしまうと煙を振り切れず、列車にまとわりつくことがありました。すると乗務員も乗客も煙の中に閉じ込められてしまいます。特に乗務員は濃い煙の中で息をすることもできなくなり、窒息してしまうこともありました。

そこで「幕引き(隧道番《ずいどうばん》)」の登場です。トンネルの入口をふさぐ大きな幕(カーテン・垂れ幕式や引き幕式)を取り付け、列車がトンネルに入ったらすぐに入口を塞ぎます。するとトンネル内に列車を追いかける空気が入らなくなり、煙はその場にとどまって列車は煙に巻かれ

信越本線碓氷第1号トンネルの隧道幕(1912年頃，横川〜熊ノ平間)

ることなく、速度がゆっくりになっても煙を振り切れたのです。今では想像もできないことですが、幕引きは全国いたるところにいたのです。終わりではなく列車が走り続けるための仕事ですね。

有名な幕引きトンネルとしては、北海道の根室本線旧線「狩勝《かりかち》トンネル」、長野県の篠《しの》ノ井《い》線「冠着《かむりき》トンネル」、三重県の関西本線「加太《かぶと》トンネル」や信越本線が走る群馬〜長野県境の「碓氷峠のトンネル群」があります。

（☆／2020年1月10日）

「出発進行！」の意味は？
「青信号」指さし確認で意識付け

駅から列車が出発する時、運転士や車掌が力強く「出発進行！」と前を指さしながら言うのを見たことがあると思います。駅長ら係員も出発の合図などに同じ言葉を発します。「未来へ向かって走り出す」という、とてもさわやかで勇気を与えられる言葉です。私も乗務員時代には、出発のたびに、「乗客の命を預かっている。無事故で運転するぞ！」と覚悟を新たにしたものです。

しかし、「出発進行」という言葉は本来、単純に「出発して進んで行く」という意味ではないのです。実はこれは「信号機が青」ということを指さして確認する時に発する言葉。列車を発車させる時は、前方にある「出発」信号機が「進行（青）」信号であることを確認しなければいけません。その時に「出発進行！」と言葉に出して意識付けをするのです。この動作を指さし確認といいます。そのうえで、運転士は車のアクセルにあたるノッチを入れ発車させます。

同様に、駅と駅の間にある「閉塞《へいそく》信号機」が進行信号の時は「閉塞進行！」、駅に入る時の「場内信号機」は「場内進行！」と言葉にします。青信号以外の時には、それぞれの信号機に対し「注意」、「停止」などと発します。地上の信号機によらない運転をするATC（自動列車制御装置）信号区間などでは、このような言葉は使わず、車内信号に示された許容速度などを指さし確認します。

本来の意味にこだわることなく、人生で何かに挑戦する時にも、未来を指さし「出発進行！」と叫んで勇気をもって進みたいものですね。

（☆／2020年2月21日）

京成電鉄の出発信号機（1983年）

今も残る「電略」
「オオ」「ラヒ」……どこの駅名かな?

手紙の書きだしに「前略」を使うことがありますが、「電略」とは何だと思いますか?実は「電報略号」のことなのです。いまは「電報」という言葉すら、お祝い電報かお悔やみ電報くらいしか聞かなくなりました。

かつて鉄道では、音声による電話連絡が普及していない時代に「電報」を使っていました。その時に使っていた鉄道用語や駅名などを短くして2文字か3文字のカタカナで表していました。もっぱら電報には、モールス符号による電信が使われていました。

しかし、モールス符号はカタカナに変換していたため、長い言葉をカタカナで表すと読みにくかったり、間違ったりすることがあったので、よく使う用語を短くして使ったのです。輸送指令からの運行に関する伝達や、国鉄時代には天気予報なども伝達され、職場同士の連絡も略号で行っていました。

現在は、電報に代わりFAXや電子メールによる連絡がされています。しかし、普及し親

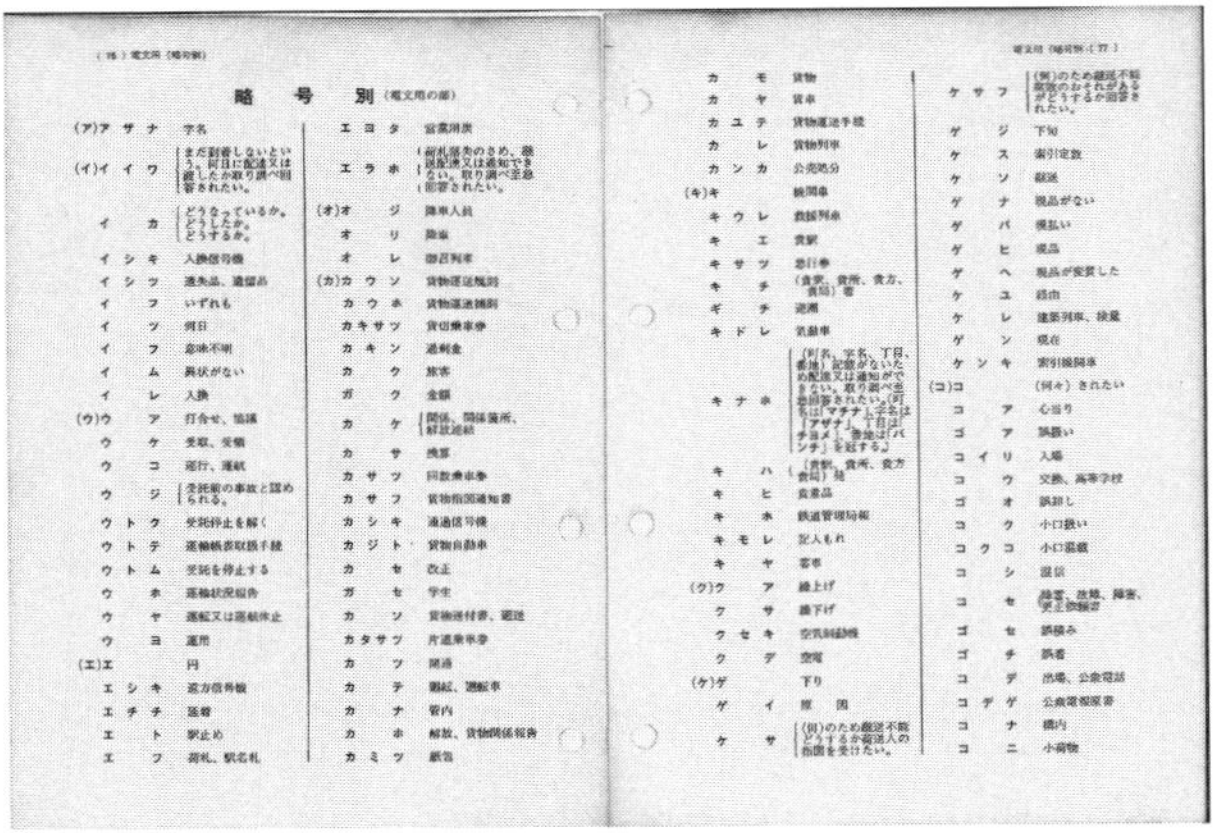
（76）電文用（略号別）

略号別（電文用の部）

(ア)アザナ	字名
(イ)イイワ	まだ到着しないという。何日に配達又は渡したか取り調べ回答されたい。
イ　カ	どうなっているか。どうしたか。どうするか。
イシキ	入換信号機
イシツ	遺失品、遺留品
イ　フ	いずれも
イ　ツ	何日
イ　フ	意味不明
イ　ム	異状がない
イ　レ	入換
(ウ)ウ　ア	打合せ、協議
ウ　ケ	受取、受領
ウ　コ	運行、運航
ウ　ジ	受託前の事故と認められる。
ウトク	受託停止を解く
ウトテ	運輸帳表取扱手続
ウトム	受託を停止する
ウ　ホ	運輸状況報告
ウ　ヤ	運転又は運航休止
ウ　ヨ	運用
(エ)エ	円
エシキ	遠方信号機
エチチ	延着
エ　ト	駅止め
エ　フ	荷札、駅名札
エヨタ	営業用炭
エラホ	荷札脱落のため、着駅を調査又は通知できない。取り調べ至急回答されたい。
(オ)オ　ジ	乗車人員
オ　リ	降車
オ　レ	御召列車
(カ)カウソ	貨物運送規則
カウホ	貨物運送補則
カキサツ	貸切乗車券
カキン	過剰金
カ　ク	旅客
ガ　ク	金額
カ　ケ	関係、関係箇所、[illegible]
カ　サ	[illegible]
カサツ	回数乗車券
カサフ	貨物指図通知書
カシキ	通過信号機
カジト	貨物自動車
カ　セ	改正
ガ　セ	学生
カ　ソ	貨物送付書、返送
カタサツ	片道乗車券
カ　ツ	開通
カ　テ	[illegible]
カ　ナ	管内
カ　ホ	解放、貨物関係報告
カミツ	紙包

電文用（略号別）（77）

カ　モ	貨物
カ　ヤ	貨車
カユテ	貨物運送手続
カ　レ	貨物列車
カンカ	公売処分
(キ)キ	機関車
キウレ	救援列車
キ　エ	貴駅
キサツ	急行券
キ　チ	（貴駅、貴所、貴方、貴局）着
ギ　チ	遅滞
キドレ	気動車
キナホ	（町名、字名、丁目、番地）記載がないため配達又は通知ができない。取り調べ至急回答されたい。（町名は「マチナ」、字名は「アザナ」、丁目は「チヨメ」、番地は「バンチ」を冠する。）
キ　ハ	（貴駅、貴所、貴方、貴局）発
キ　ヒ	貴重品
キ　ホ	鉄道管理局報
キモレ	記入もれ
キ　ヤ	客車
(ク)ク　ア	繰上げ
ク　サ	繰下げ
クセキ	空気制動機
ク　デ	[illegible]
(ケ)ゲ	下り
ゲ　イ	原因
ケ　サ	（何）のため継送不能どうするか荷送人の指図を受けたい。
ケサフ	（何）のため継送不能腐敗のおそれがあるがどうするか回答されたい。
ゲ　ジ	下知
ケ　ス	[illegible]
ケ　ソ	継送
ゲ　ナ	現品がない
ゲ　バ	現払い
ゲ　ヒ	現品
ゲ　ヘ	現品が変質した
ケ　ユ	経由
ケ　レ	建築列車、[illegible]
ゲ　ン	現在
ケンキ	牽引機関車
(コ)コ	（何々）されたい
コ　ア	心当り
ゴ　ア	誤扱い
コイリ	入場
コ　ウ	交換、高等学校
ゴ　オ	誤卸し
コ　ク	小口扱い
コクコ	小口混載
コ　シ	混信
コ　セ	故障、[illegible]
ゴ　セ	誤積み
ゴ　チ	誤着
コ　デ	出場、公衆電話
コデゲ	[illegible]
コ　ナ	構内
コ　ニ	小荷物

電文で使われる略号表（日本国有鉄道電気局編『鉄道電報略号集』1965年より）

しまれていたため、まだ日常的に使用されている略号が多数あります。みなさんが耳にすることはほとんどありませんが、駅構内などで業務連絡放送を行う時や係員同士の会話の中で聞こえた時に、何のことだと思われた方がいらっしゃるかもしれません。

例えば運行乱れの時など「○○列車ウヤ（ウンテンヤメ　運転休止）」、「○○列車10分エン（遅れ）」などです。ちなみに駅名では、「オオ（大宮）」「ラヒ（蕨）」「ヒセ（東十条）」があります。

（☆／2020年9月11日）

基本は左側通行
建設技術学んだ英国を見習って

道を歩くとき、「人は右、車は左」と教えられてきましたね。鉄道は単線区間では両方向に走るのですが、複線区間ではどうでしょうか。日本の鉄道は左側通行が基本です。日本は初めて鉄道を建設するときに英国から技術などを学びました。英国では鉄道が左側通行であったから、これを見習ったということのようです。

自動車は日本のように左側通行の場合、運転席は右側に、米国などは右側通行なので左側にあります。追い越し時に大きく進路を変えなくても前方が見通せることが理由のようです。鉄道の場合は同じ線路上で追い越しはできませんが、左側通行を基本とする国では運転席は左側に、右側通行の国では右側にあることが多いです。

これは信号機を立てる場所に関係があります。複線区間では2本の線路の外側に信号機を立てます。設置工事や点検がやりやすいからです。日本のように左側通行の列車の運転士が線路の左側にある信号機を確認するときには、運転室の左側に運転席がある方が見やすいで

左側通行で走行する寝台特急「みずほ」(1978年頃，大磯付近)

すよね。
　車内信号によって運転する新幹線や在来線の列車は、外の信号機を見ないのでどちらでもいいのですが、車両基地などでは地上の信号機を見ることがあります。ただ、在来線は左側に信号機のある線と相互乗り入れをする場合があるため、運転席を左側にすることが多いです。今度、鉄道博物館の展示車両で確かめてみてください。ちなみに「1号機関車」や「弁慶号《べんけいごう》」の運転台では、機関士の操作する機器は右側にあります。

(☆／2020年5月29日)

腕章は、鉄道ファンの憧れ
運転士？ 機関士？ 車両で呼び方に違い

列車を運転する人を「運転士」といいますが、「機関士」という言葉も聞くことがありますね。違いは一体何なのでしょうか。実は運転する車両の違いにより呼び方を決めていたのです。

今はほとんどの鉄道会社で、列車を運転する人の職名を「運転士」にしています。国鉄時代には、いろいろな職名がありました。機関車を運転する人を「機関士」、電車や気動車（ディーゼルカー）を運転する人は、それぞれ「電車運転士」「気動車運転士」という職名でした。

国鉄時代には、乗務員は作業服や制服に腕章や名札を付けていました。腕章は白地に黒で車両別の職名が書かれていました。特に蒸気機関車に乗務している機関士の白い腕章は、黒い車体にひときわ映えて鉄道ファンの憧れの的でした。

国鉄時代には、機関士は作業着であるナッパ服を、電車・気動車の運転士は制服を着ていました。機関車は基本的に1両で列車を牽引《けんいん》します。故障が発生した場合には機械室や床下に潜り込んで、汚れをいとわずに修理しないといけないため、ナッパ服を着ていました。電車・気動車の場合は動力のある車両が複数あることが多いので、運転室や客室の機器で故障車両の処置をすれば運転が可能となり、汚れる心配はあまりないので制服を着ることにしていたのです。

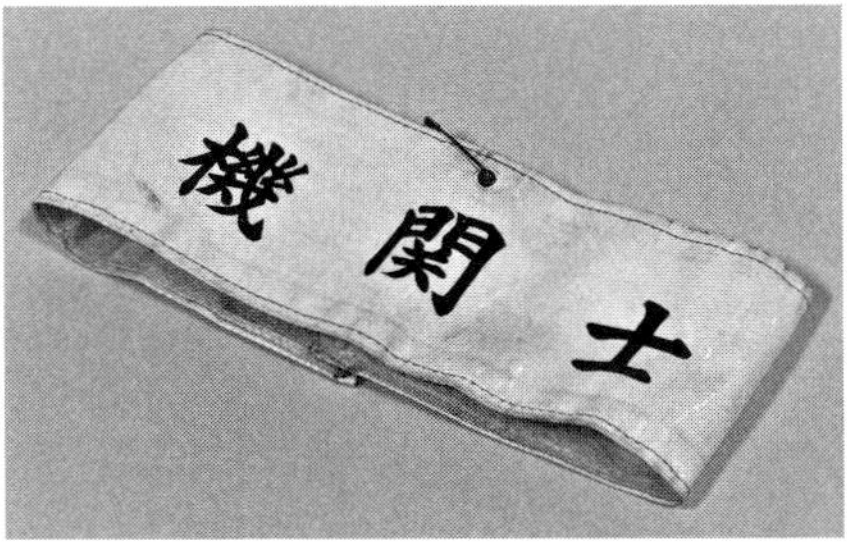

機関士が付けていた腕章

今では、各地で復活運転をしている蒸気機関車の乗務員はナッパ服を着ていますが、故障が少なくなった電気機関車やディーゼル機関車の乗務員も制服を着ていることが多くなりました。

（☆／2020年11月13日）

新幹線・電気車・内燃車……
鉄道の運転 種類別に免許必要

運転免許と言えば、身近なものでは、自動車の運転免許が浮かびますね。実は電車を運転するにも運転免許が必要です。鉄道の運転免許も車両の種類別に定められています。

鉄道車両は蒸気機関車からリニアモーター式の車両までいろいろな種類がありますが、代表的な免許として、私たちが日常的に利用する車両の免許について紹介します。

鉄道の規模や目的の違いなどにより甲種、乙種の区分けがありますが、「蒸気機関車運転免許」、「電気車運転免許」、「内燃車運転免許」、甲種、乙種の区分けのない「新幹線電気車運転免許」があります。

「蒸気機関車運転免許」はその名のとおり蒸気機関車を運転するため、「電気車運転免許」は電車や電気機関車のように電気で動く車両を運転するため、「内燃車運転免許」はディーゼルエンジンのような内燃機関を使用した車両を運転するため。そして「新幹線電気車運転免許」は新幹線電車を運転するときに必要な免許です。

それぞれに定められた学科や実技の試験をパスした人に国土交通省から交付されます。最近では、ディーゼル電気車と呼ばれるディーゼルエンジンで発電機を回しモーターを使用して走る車両や、蓄電池を併用したハイブリッド式の車両などが使われるようになり、電気車、内燃車の区分が難しくなってきました。

このため、現在では電気車、内燃車の免許保有者に必要な知識を習得してもらい、どちらの免許でもディーゼル電気車を運転できることになっています。

（☆／2021年4月22日）

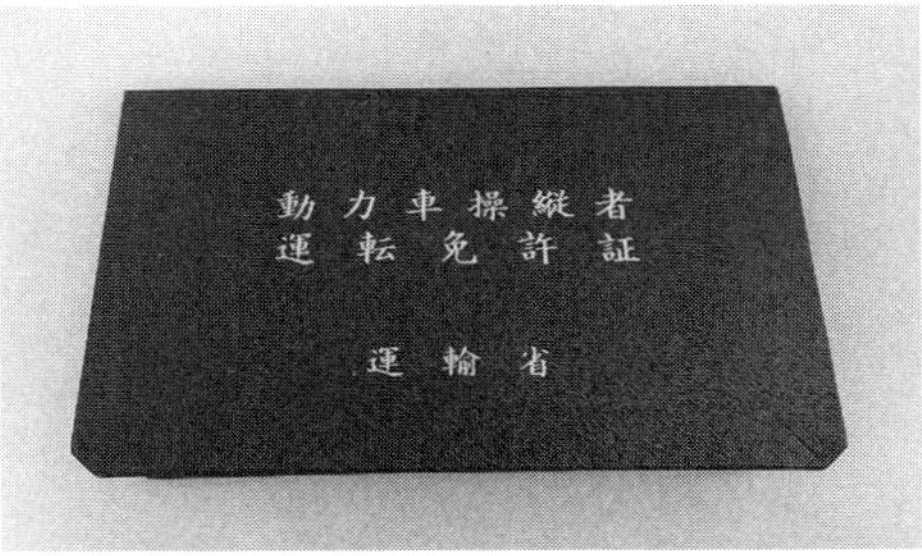

運輸省（現国土交通省）発行の鉄道の運転免許証（動力車操縦者運転免許証）

「標準」時刻
発着は秒単位 臨機応変に調整も

「標準時刻」と言えば、兵庫県明石《あかし》市を通る東経135度の「日本標準時」を思い浮かべる人が多いと思います。これとは意味は異なりますが、鉄道の世界にも「標準時刻」という言葉があるのをご存じですか。

ふだん時刻表をよく見ている人からすると、東京や大阪などの大都市の通勤時に、時刻表に記されている時刻より実際の電車が少し遅れて発車しているのではないか、と感じることがあるかもしれません。じつは、その通りなのです。

時刻表に載っている時刻は「分」までで、「秒」までは記されていません。でも、実際の列車の発着時刻は秒単位まで決まっています。

「午前8時20分50秒」に、ある駅を発車する電車があると、時刻表は「8時」の欄に「20分」とまでしか載っていません。「20分50秒」まで記した時刻表を想像してください。数字が増えて見にくいですよね。正確な時間で載せるとなると、時刻表そのものを大きなものにしなければならないかもしれません。

時刻表を見やすく、コンパクトにするために「秒」は表示していないのです。そのため、乗客からすれば、8時20分ちょうどではなく、約1分(50秒)遅れて車が発車しているように感じるのです。

また、通勤電車は混雑による遅延などで、電車の間隔を調整するために数分の時刻変更をすることがあります。

時刻表に記されているのは、あくまでも「標準」の時刻なのです。鉄道会社によっては「標準時刻表」と表示しています。

(☆／2022年2月10日)

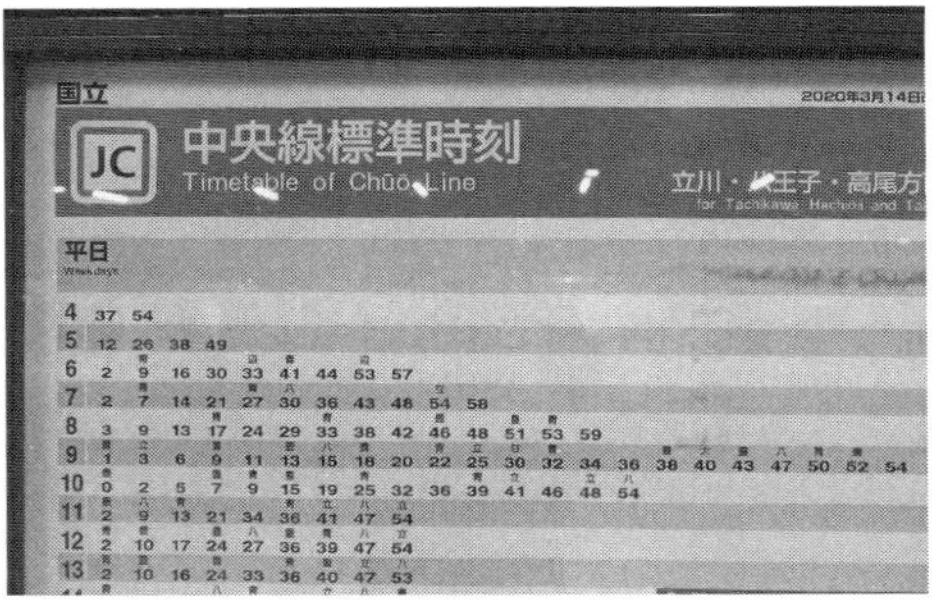

JRの駅のホームにある時刻表は「標準時刻」と表示されている(2020年，国立駅)

汽笛
「扉閉めて」乗客に出発の合図

自動車は電気で鳴らすクラクション、自転車は手で鳴らすベルが備えられていますが、かつての蒸気機関車は蒸気で「汽笛」を鳴らしていました。汽笛や警笛は周りの人に注意を促すためのものですが、機関車の汽笛には別の目的がありました。

なんだと想像されますか?

ヒントは「乗客」と「扉」です。そのころは客車の出入扉を乗客が手動で閉める必要がありました。汽笛は列車が発車することを乗客に知らせる合図だったのです。発車間際に乗り降りすれば危ないし、扉が開いたまま列車が走ってしまえば、もっと危険を伴います。汽笛を聞いた乗客が扉を閉めていました。

自動扉になった電車やディーゼルカーは発車時に汽笛を鳴らす必要はなくなりました。明治時代に作られ、長年親しまれた「鉄道唱歌」は「汽笛一声新橋を」で始まりますが、いまや昔の話です。

小田急電鉄のロマンスカー3000形(1957年，箱根湯本駅)

現在の汽笛(気笛)は空気で鳴らす方式に変わっています。それでも音が大きいため、ホームの乗客に向けて鳴らすときは柔らかい音を出す電気笛を使う車両が増えました。警笛として使うのではないのですが、電気で鳴らすメロディーを日本で最初に使ったのは、1957年に走り始めた小田急電鉄のロマンスカー3000形で、オルゴール電車と呼ばれました。走っている車両から奏でられる音色を耳にされた方もいらっしゃるでしょう。

2022年10月14日は日本で鉄道が新橋～横浜間で開業して150年になる記念日です。ホームで汽笛が鳴る光景に思いをはせ、ネットでメロディーを覚えてノリノリの曲の「汽笛一声新橋を」と口ずさんでみてはいかがでしょうか。

(☆／2022年10月6日)

鉄道開業年から太陽暦
「分単位」の発着　時刻の概念が進化

私たちは普段当たり前に何時何分という時刻を使って生活をしていますが、鉄道の開業前は、分単位で行動するような時刻の概念はありませんでした。

江戸時代の人々は日が昇ると活動し、沈むと休息するというように、太陽の活動と共に生活のサイクルが決まっていました。明け六つ(日の出)、暮れ六つ(日没)を基準としてその間を6等分したものを「一時《いっとき》」と表していました。一時はおおむね2時間、半時はおおむね1時間。日の出や日没の時刻は季節によって変わるので「おおむね」です。人々は「四つ時《どき》」「五つ時」といった大まかな時刻のとらえ方で日常を過ごしていました。

1872(明治5)年12月に国の暦が太陰暦から太陽暦に変わり、その一環として現在と同じ時刻制度が定められました。当初は1日を午前・午後に分ける12時間制が用いられましたが、1942年に現在のような24時間制が用いられるようになりました。新橋〜横浜間に日本で初めての鉄道が開業した時には、当初から時刻表に12時間制を用いて発車時刻や到着時

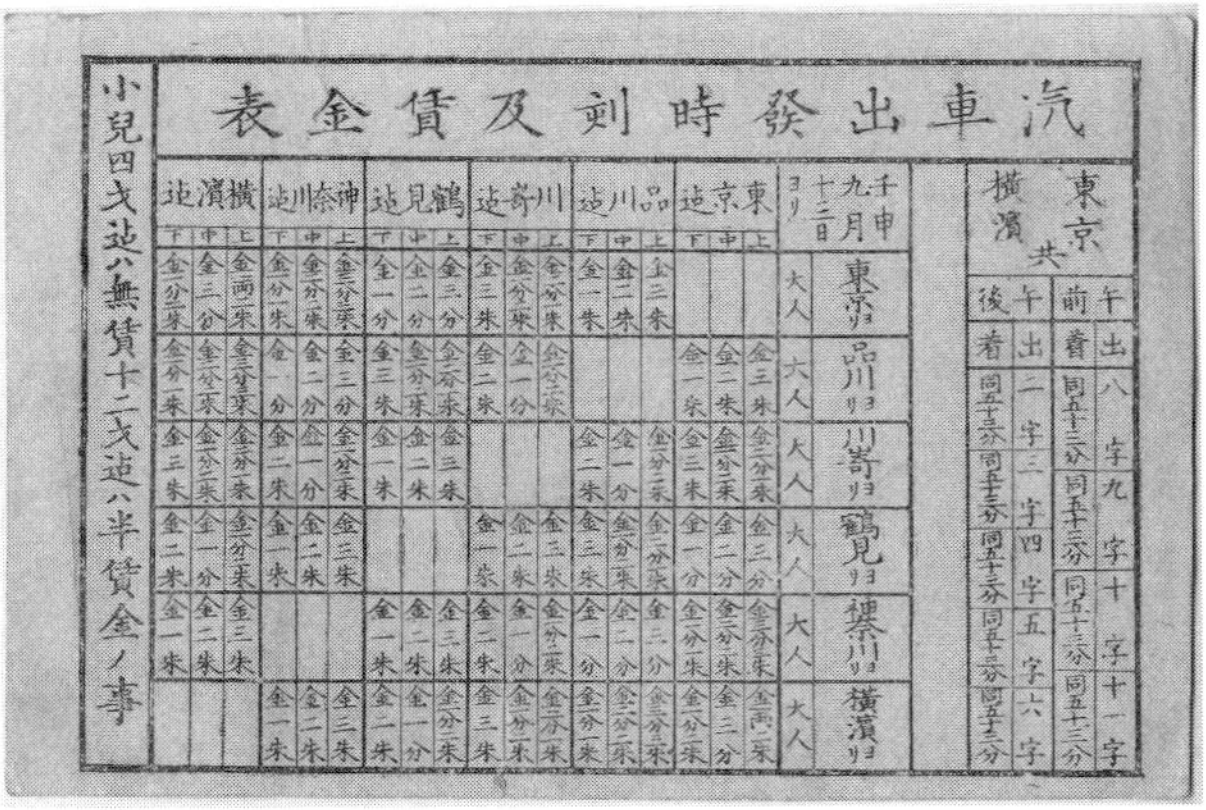

新橋〜横浜間開業時の時刻表（「汽車出発時刻及賃金表」1872年）

刻を何時何分という表し方で示しました。

しかし、当時の人々の多くはまだ時計を持っていません。列車の発車時刻を知る方法がありませんでした。そこで、当初は太鼓、のちに振鈴《しんれい》を発車時刻の5分前に打ち鳴らして列車の発車を知らせていました。新橋駅では、近くの増上寺の鐘を駅の近くに移設して知らせようとしたのですが、鐘が重すぎるなどの理由で実現しなかったという逸話が残っています。

（☆／2022年12月7日）

0キロポスト
路線の「起点」大宮駅で見つけて

「0キロポスト」をご存じですか? 鉄道の各路線の距離の起点を示す印です。起点駅だと、多くは駅のホーム事務室付近の線路脇に設けられています。

木製やステンレス製の白い柱に数字の「0」を書いたものや、白く塗った鉄板を線路脇や事務室近くの壁に取り付けたものもあります。中には、線路の間のコンクリートに直接「0」と書かれているものもあります。

1872(明治5)年に日本の鉄道が新橋〜横浜間で開業した時に新橋駅に設置された「ポスト」が有名です。当時は距離をマイルで表していたので「0マイルポスト」と呼ばれました。

大宮駅は、JR東日本の高崎線、川越線、上越新幹線及び埼玉新都市交通伊奈線(ニューシャトル)の起点駅となっているため、それぞれの起点を示す「0キロポスト」が設置されています。ただ京浜東北線と埼京線に関しては大宮駅にはありません。列車は大宮発着ですが、

旧新橋駅跡の汐留貨物駅に整備された「0マイルポスト」（昭和40年代）

東北本線の一部という扱いなので、大宮駅が起点・終点という位置づけにはならないのです。

東武鉄道野田線（現アーバンパークライン）も起点駅は大宮ですが、過去に駅改良工事でホームを終点方向に少し移したため、０キロポストはありません。

さて、一年の起点となる年の初めに、多くの路線のターミナル駅である大宮駅のいろいろな「０キロポスト」を見つけてみてはいかがでしょうか。一番見つけやすいのをお教えしましょう。11番線ホームから線路脇に見える高崎線の０キロポストです。

（☆／2023年1月19日）

列車番号
列車の種類も上り下りも　ひと目で

新幹線や特急列車などには、お客様向けに「はやぶさ1号」「あかぎ2号」といった名前が付けられていますが、それとは別に運行管理上「列車番号」があります。「はやぶさ1号」は「3001B」、「あかぎ2号」は「4002M」です。市販の時刻表にも記載されています。

東京を起点として出発する列車は奇数、東京に向かう列車は偶数の番号と決まっています。例外もありますが、東京以外の駅を起点とする列車も、原則として東京から離れる方向の列車は奇数、東京方向に行く列車は偶数です。機関車で牽引する列車は数字のみ、電車やディーゼル列車には「M」や「D」が末尾に付きます。番号を見ただけで鉄道員にはどんな種類の列車か分かるようになっているのです。

東海道本線に「つばめ」「はと」という特急が走っていた時代があります。東京発のつばめは「1」、はとが「3」でした。当時の最優等列車であったため、出発を駅長が見送って

東京駅で発車を待つ「1」列車，特急「つばめ」(1953年)

いました。輸送指令には駅から「1列車定発(定時発車)」などと報告が入り、無事に出発したことに関係者は安堵《あんど》していたそうです。

ところで、京浜東北線のように東京駅をまたぐ列車の番号はどうなっているのでしょうか。東京駅で上り下りは変わります。でも、途中で番号を変えると煩雑になるため、大宮から大船方面へを「南行《なんこう》」、その逆を「北行《ほっこう》」と名付け、それぞれ奇数、偶数で表しています。なお、新幹線の開業で東海道本線に長距離の座席特急列車がなくなった後は、寝台特急列車「さくら」が「1」番を引き継いでいました。

(☆／2023年4月6日)

改札鋏
切符切り 懐かしき芸当の時代

前に、かつて改札係は切符に鋏《はさみ》で切れ目を入れていたお話をしました。まれに、乗客から切符を受け取らずに、差し出された切符に直接鋏を入れる「持たせ切り」をする人がいました。時間帯別に鋏を入れる場所を変えられなくなるし、乗客に失礼なので、禁止されていたはずです。

それでも、ラッシュ時は大勢の定期券を持った乗客が通るなか切符を持った乗客を見つけ、鋏を入れる。改札というのは単純な動作の繰り返しですから、乗客にも楽しんでもらおうと考えたのか、変わったことをする人もいました。

1970年代半ば、私が35歳前後のころです。当時の国鉄の改札口では、改札鋏をリズミカルにカチカチと鳴らす改札係がいました。その中には西部劇の拳銃よろしく、鋏を回しながら上に放り上げて落ちてきた鋏を器用にキャッチし、すかさず切符に鋏を入れるという、軽業師のような芸当をする人もいました。

実際、私も渋谷駅で見ましたよ。改札係は40歳代から50歳代くらいだったでしょうか。切符を持った乗客と定期券の乗客が不規則に続くなかで、合間を見て鋏を回転させながら真上に1メートルほど投げ上げ、乗客の切符を見つけるやいなや素早く鋏を入れていた。これぞ究極の「改札芸」だと感嘆しました。

90年代初めの自動改札機の本格導入で、この芸当も姿を消しました。しかし、何でわざわざそんなことを？

私が国鉄に入社して駅で実習をした時、定年間近の改札係が言っていました。「仕事を楽しくやれば人生も楽しくなる」。そういうことなんでしょうね。

（☆／2023年6月29日）

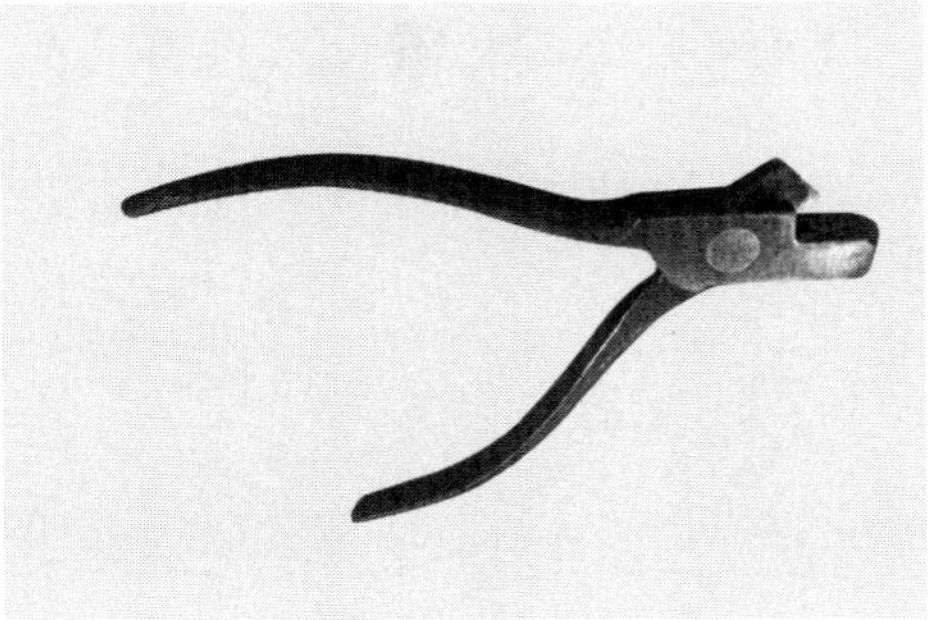

切符に鋏痕《きょうこん》を入れる改札鋏

一部JR線 普通列車と各駅停車の違いは？
電車線で全部止まれば「各停」に

駅で電車を待っていると、「○○行き普通列車がまいります」、「○○行き各駅停車がまいります」などとアナウンスが聞こえることがあります。どちらもすべての駅に停車するように思えますが、普通列車と各駅停車はどう違うのでしょうか。

日本の鉄道が1872(明治5)年に新橋〜横浜間で営業を開始した時、列車は全て途中の4駅に停車していました。その後、一部で停車駅を通過する快速運転が行われ、やがて、路線が延びて長距離を運行するようになると、目的地へ早く着きたいという要望が出るようになりました。そこで1894(同27)年、当時の山陽鉄道の神戸〜広島間で、主要な駅にだけ停車する列車を運転することになり、「急行列車(急行)」が誕生しました。1901(同34)年には京都〜下関間で、急行列車で最も速い列車を「最急行列車」として運転しました。

1906(同39)年には、官設鉄道となった新橋〜神戸間にも後に「特別急行列車(特急)」と呼ぶ「最急行列車」が運転されました。この時、初めて急行料金が設定されました。その後、急行より停車駅が多い「準急行列車(準急)」も登場し、急行料金や準急料金が必要ない列車を「普通列車」と呼んで区別したのです。何駅かを通過する普通列車は「快速列車(快速)」として運転しました。

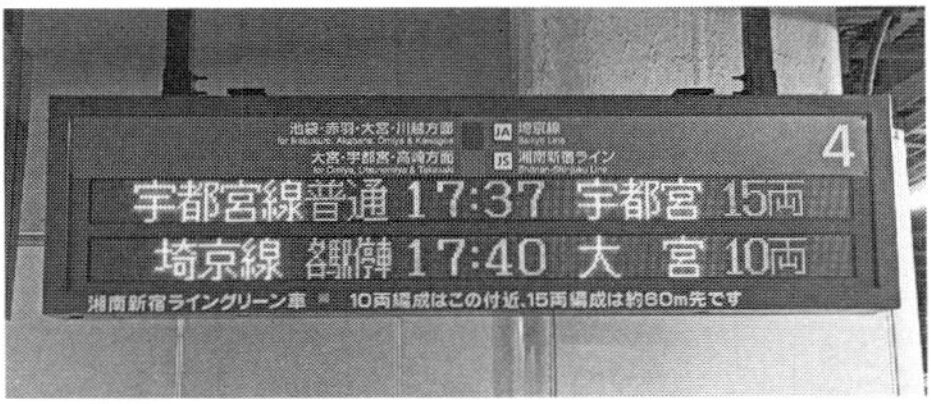

同じホームから出発する普通と各駅停車の発車表示(2024年，新宿駅)

しかし、こうした中・長距離路線(列車線)とは別に、東京や大阪などの都市部近郊では、列車線と並行して、比較的近距離だけを運行する通勤電車区間(電車線)が整備されました。この時、列車線にはホームを設置しないこともありました。電車線で、全ての駅に停車する普通列車を「各駅停車列車(各駅停車)」と呼んだのです。

そのため、同じ駅でも、列車線の列車と電車線の列車が同じホームから発車する場合には、「普通列車」と「各駅停車」の２種類の発車表示がされることになりました。

これらは、あくまでも旧国鉄・一部ＪＲ線の表し方です。他の鉄道会社では、さまざまな呼び方で列車を区別しています。

(☆／２０２４年４月５日)

当初は混雑から、昨今は性暴力から守る意味も
明治からあった「女性専用車」

朝のラッシュ時間帯、男性は乗れない「女性専用車」などと書かれた車両があることをご存じでしょうか。小学生以下の男の子や、身体が不自由な人や介助する人には乗車が許されます。祝日・曜日や時間帯に関わらず全列車に専用車がある路線もあります。男性はちょっぴり恨めしく感じることもあるのではないでしょうか。

実は、このような制度は古くからあったのです。1904(明治37)年、当時の東京市街鉄道の電車の中には「年寄《としより》、女子、子供には腰をかけさせるように」という掲示がされていました。その後、通勤・通学でラッシュアワーが見られるようになり、1912(同45)年になってラッシュ時の中央線電車に「婦人専用車」を連結しています。

1947年には戦後の交通事情の極端な悪化で、特に通勤・通学時間帯などに婦人・子供などの乗車が困難になったため、中央線電車の1両あるいは半室に「婦人子供専用車」の表示を掲げ、大人の男子禁制の車両を設けました。次いで京浜東北線にも同じ措置がとられま

1912年に中央線電車に連結された「婦人専用車」

した。1954年頃からは私鉄でも女性専用車両の導入が始まっています。

その後、国鉄ではこれらの専用車はいったん廃止され、「シルバーシート」を経て1997年からは現在の「優先席」が設けられました。

しかし2001年には女性専用車両を京王電鉄が本格導入し、JR東日本でも埼京線で試行導入を経て2005年に中央線快速にも本格導入するなど、私鉄を含め混雑の激しい通勤路線に広がりました。現在では大都市圏の多くの鉄道で採用されています。当初は混雑から女性や子どもを守るということが主な目的でしたが、昨今は痴漢などの性暴力から女性を守るという意味合いからも必要とされているようです。

（☆／2024年7月5日）

5章

乗車の楽しみ

座席指定　手作業の時代
回転台に帳簿　速さ追求のあまり……

日本初の座席指定列車は、鉄道院時代の1912(明治45)年に運行を始めた、新橋～下関間を走る特急列車の1往復です。コンピューターなどなかったので、座席指定はすべて手作業で行いました。その後、戦前期には他の特急・急行列車では号車指定の定員制としていました。

戦後改めて座席指定制が導入され、駅の窓口で職員がお客様の申し込みに応じて、指定席台帳のある拠点駅に電話し、取れた座席の番号を指定席券に手書きして発券しました。間違いは少なかったようですが、手間も時間もかかりました。座席指定列車が少ない時代はそれでよかったのですが、列車の本数が増えると、作業が追いつかなくなりました。

そこで考案されたのが、後の「乗車券センター」の回転台です。多くの列車の座席指定をできるだけ迅速《じんそく》に行うため、列車ごとの台帳を回転台の棚に並べました。直径約2mの回転台は8秒で1回転し、周りに配置された職員がそこから目当ての台帳を取り出して指定席を確保し、駅に連絡してから素早く元の場所へ戻す。回転台が絶えず回る中、隙間めがけて帳簿を投げ入れるのは、まさに「神業」でした。
しかし、迅速さを追求するあまり、人的ミスから座席指定が二重三重になってしまうこともあり、お客様からの苦情も絶えませんでした。

東京乗車券センターにあった回転台(1958年頃)

待望のコンピューターシステム「マルス」が実用化されたのは、1960年のことです。その後、発券機が設置された駅で簡単に指定券が発行されるようになり、運賃も自動計算され、回転台のような手作業はなくなりました。
1965年には大宮など152駅に「みどりの窓口」が設けられ、順次拡大されました。ミスなく素早く発券できる座席予約システムは、高速大量輸送を支える大黒柱です。
切符を手に、楽しい鉄道旅行に行ってらっしゃい!

(☆/2016年7月2日)

1899年、日本初の食堂車
走るレストラン　いまも要望絶えず

車窓からの景色を眺めながら食事をするのは列車旅の楽しみの1つ。日本初の食堂車は1899(明治32)年、私設鉄道の山陽鉄道(現JR山陽本線)が、官設鉄道の京都から三田尻(今の防府)までの列車に連結した食堂付き1等車です。1等車の一部を食堂室に仕切り、10人がテーブルを囲む形でした。その後、独立した食堂車が造られ、長距離列車に次々と連結されました。

私も子どもの頃、父親に連れられて特急「つばめ」の食堂車に行きました。わくわくして白いテーブルクロスの席に着席。ピカピカのナイフとフォークにちょっと戸惑いましたが、注文したとんかつは「極上」でした。

開業当初の東海道新幹線では、乗車時間が短いため車両の半室を簡易な食堂としたビュフェ車が2両連結されました。1975年に博多まで延伸すると、本格的な食堂車を連結し、1985年には2階建ての100系新幹線食堂車がデビュー。車体幅いっぱいの見晴らしの良い車両でした。

ところが列車の速度が上がって移動時間が短くなったことなどから、食堂車は徐々に廃止。特別な列車にしか連結されなくなりました。1988年に運転を開始した「北斗星《ほくとせい》」は豪華寝台列車として知られ、ディナータイムは予約制のフランス料理のフルコースや和食の懐石御膳が用意されました。これが人気を呼び、食事目的で乗車する人も増えました。しかし2016年3月、上野〜札幌を走る「カシオペア」が定期運行をやめ、食堂車を連結した長距離列車は消滅しました。

今も「列車に乗って食事をしたい」という要望が絶えることはなく、旅そのものを楽しむ「クルーズ列車」や、気楽に食事も楽しめる「レストラン列車」などが各地で運転されています。

（☆／2016年7月30日）

東海道本線の特急列車に連結された食堂車（1954年頃）

ドアの歴史
便利さ 安全への扉求めて進化

鉄道車両の旅客車には開業時から出入り扉(ドア)がついていましたが、すべて手動で開閉していました。ドアが自動化されたのは1924(大正13)年に登場した阪神電気鉄道の電車と言われています。当時の国鉄(現JR)は3年後に自動ドアを導入しています。

当初はまだ、一方向にだけ開く「片開きドア」でした。その後、通勤・通学客の増加に伴って、電車が遅れないよう乗り降りを素早くしてもらう必要が生じ、幅を広げた「両開きドア」にした通勤用電車が作られ、1954年開業の営団地下鉄(現東京メトロ)丸ノ内線で初めて使われました。また、乗降時間を短くするため、ドアの数を増やし4扉にする車両も現れました。

その後、ドアには色々な機能が加わり、利便性や安全性が向上しました。路線によっては、冷暖房が効いている時に全ドアが開いて快適な室内を台無しにしないよう、乗降するドアだけ乗客にボタンを押してもらうか、または手で開閉してもらう半自動式にしました。体や荷物が挟まれたとき、力を緩めて外しやすくする機能も登場しました。

さらに、電車が動いている時にドアが開くと大変危険なので、一定速度以上になると電気回路を切り離し、スイッチを誤操作してもドアが開かないような「戸閉め安全装置」も生まれました。満員時に乗客がドアに押し付けられても壊れない頑丈な構造にしたり、安全ガラスを使うようになったりもしました。

私が運転士だった約50年前のこと。ポイント(分岐器)を通過した際、満員の乗客に押されてドアのガラスが割れ、若い女性が腕にけがをしました。安全ガラスなどない時代。私はそれ以来、満員のときはポイントの箇所を制限速度よりかなり遅い速度で通るよう心がけたものでした。


(☆／2018年10月26日)

1933年から製造された，片開きドアのクモハ40形(昭和10年代)

国鉄特急色
親しまれ60年 今月ですべて引退

1987年のJR発足から31年。このところ、国鉄時代に登場し活躍した車両の多くが引退の時期を迎えています。2018年の4月には、クリーム色に赤のツートンカラーをまとった、国鉄時代から使用されてきた特急電車がすべて引退し、いわゆる「国鉄特急色」が過去のものとなります。

昭和20年代後半以降に登場した車両は、その用途などに合わせて指定した色が塗られていました。昼間の特急用電車・気動車であればクリーム色に赤のツートン、寝台特急用客車は青にクリーム色のライン、直流の急行用・近郊用電車は緑にオレンジ、通勤用電車はオレンジ、黄緑、黄色、スカイブルー、エメラルドグリーンの一色塗りというように、一部の例外を除き、全国統一で決められていました。色の多くは、国鉄のインハウスデザイナーだった故黒岩保美《くろいわやすよし》氏によるものです。画家志望だった黒岩氏によるカラーリングは、派手さはないものの目につく色合いで、ビルの立ち並ぶ都市部や自然豊かなローカル線の風景など、どんな光景の中にも溶け込む、絶妙のカラーリングでした。

国鉄色は全国共通でしたが、ＪＲ発足後は各社の特色を出すため多くの車両が独自のカラーに塗り替えられました。ただイメージ一新をめざすあまり、奇抜なものが多く、後年再び国鉄色に戻されるものも数多くありました。やはり長年親しまれ、落ち着きの中に気品を兼ね備えた色だったことから、改めて国鉄色のよさが見直されたとも言えます。

中央本線を走る189系の特急「かいじ」（2017年，初狩～笹子間）

こうして復活した国鉄特急色ですが、中央本線に臨時用で残っていた最後の１編成が４月27日にラストラン。１９５８年に東京～大阪・神戸の電車特急「こだま」で登場して以来、60年にわたって親しまれた国鉄特急色が終焉《しゅうえん》を迎えました。

＊その後、国鉄特急色は伯備線の特急「やくも」用の３８１系で２０２２年に再度復活したが、２０２４年６月の引退により消滅した。

（★／２０１８年４月28日）

カラフルになった車両
鮮やかな赤の新幹線、子どもに人気

鉄道博物館3階の新幹線ラウンジや屋上のパノラマデッキからは、新幹線を間近に見られます。緑に白のE5系、赤に白のE6系、クリーム色にブロンズ色のラインと青い屋根のE7系……。カラフルな色の車両が通るたび、来館者の歓声が上がります。けれども、もともと新幹線の色はシンプルなものでした。

1964年の東海道新幹線開業時に登場した0系は、クリーム色の車体の窓周りに青いラインが入り、これが長く新幹線を代表する車体色となりました。当時の旅客機に多かった塗り分けで、スピード感を強調するために採用されたとも言われています。

1982年開業の東北・上越新幹線では、200系に東北地方の豊かな自然を表す色としてクリーム色に緑のラインが入れられました。しかし、沿線の方々からは「『ひかり』の色と違う」「本当の新幹線ではない」と散々な評判だったとか。それほど「新幹線＝クリーム色に青」との認識が定着していたのでしょう。

１９８７年にＪＲが発足すると、新車両が登場するたびに色が変わり、バリエーションが増えていきます。１９９２年に登場した山形新幹線乗り入れ用の４００系はシルバーメタリックというこれまでにない色を採用し、一躍、人気車両に。最近ではＥ６系が新幹線の営業用車両で初めて鮮やかな赤(茜《あかね》色)を採用。山陽新幹線の５００系とともに子どもの一番人気とも言われます。これまでにも地下鉄丸ノ内線や京浜急行、名鉄パノラマカーなど赤い電車はありましたが、Ｅ６系(赤)がＥ５系(緑)と連結すると、ひときわ色鮮やかです。

そういえばテレビの戦隊ヒーローものの主役は赤が多く、ウルトラシリーズも赤がメイン。おもちゃも赤は人気色です。赤は、子ども心をつかむ色なのでしょう。

(★／２０１８年10月6日)

子どもたちに大人気の E6 系.「茜色」の車体が鮮やかだ(2014 年，田沢湖～雫石間)

年中行事に定着した初詣
鉄道が競って郊外へ　行楽客誘う

この正月、寺院や神社へ初詣《はつもうで》に訪れた方も多いのではないでしょうか。三が日を中心に社寺へ参詣《さんけい》する行事は、明治の中ごろから広く普及したものですが、その定着には鉄道が深く関わっていました。

江戸時代の正月参詣は、元日から月末まで初縁日にもとづく参詣が目白押しでした。参詣先は自宅から歩いて行ける近場。地元の氏神様や恵方《えほう》(歳徳神《としとくじん》がいるとされる方角。5年周期で毎年変わる)に当たる社寺など各所にわたり、「いつ」「どこに」お参りするかについて細かいルールがありました。

明治の中ごろに鉄道が各地へ延びると、東京から離れた寺社への日帰り参詣が可能になります。こうした近郊の寺社への参詣には、信仰心だけでなく、郊外散策といった行楽の要素が加わります。そして明治後半から大正になると、東京から郊外への私鉄路線が次々に開業し、各社は自社エリアへ行楽客を誘おうと、沿線の寺社への初詣を盛んにアピールします。

最初に初詣がブームになったのは川崎大師。新橋～横浜間の鉄道開業によって東京から気軽に参詣できるようになりました。さらに川崎大師への参詣客輸送を目的とした大師電気鉄道（現京浜急行電鉄）の開業で乗客の争奪戦がおこり、参詣者が増えました。成田《なりた》山新勝寺《さんしんしょうじ》をめぐっては、国鉄と京成電気軌道（現京成電鉄）が初詣客を奪い合い、1927年には国鉄が大晦日《おおみそか》のうちに発車する臨時列車を運転し、これが国鉄では初めての終夜運転となりました。

　こうした各社の激しい競争が、初詣を年中行事として普及させていったのです。

（★／2019年2月1日）

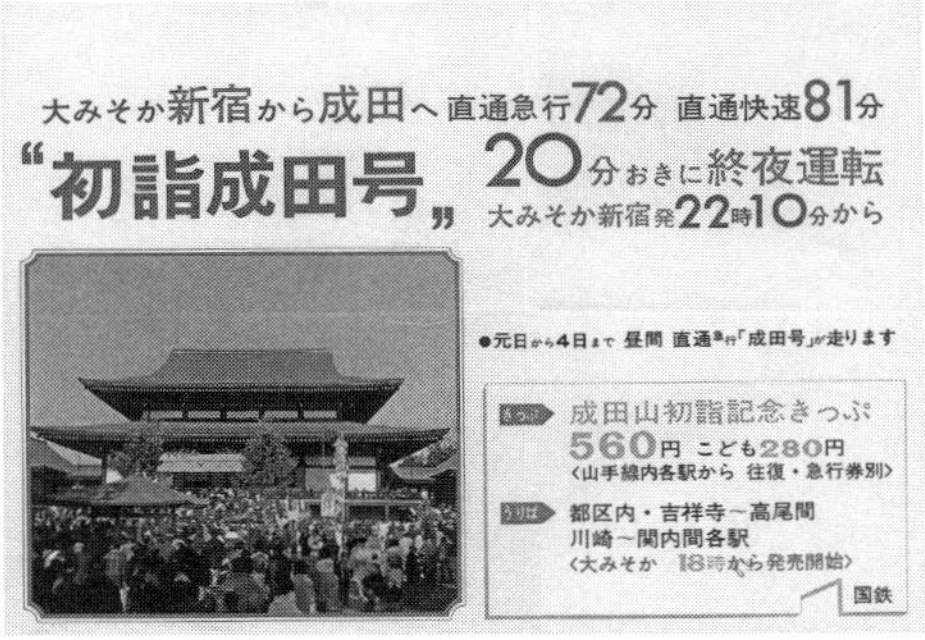

昭和40年代の国鉄の車内吊り広告．成田山新勝寺への初詣のための終夜運転をPRしている

なぜ「グリーン車」？
色の印象良い？ 由来示す記録なく

先日、テレビの取材で「グリーン車はなぜグリーンという色を採用したのか？」との質問がありました。これが意外に難問で、命名の由来を示す記録が見当たらず、答えに困ってしまいました。

グリーン車は1969年5月に設けられました。それまでの等級制（運賃について1等、2等の別があり、特急・急行、寝台料金なども1等、2等に分かれる）が廃止され、2等を基準としたモノクラス制となり、1等車は特別車両、2等車は普通車両に。この特別車両を「グリーン車」と呼び、利用料金を「グリーン料金」としたのです。これによって、特急列車のグリーン車に乗るには乗車区間の運賃に加え、指定席特急料金とグリーン料金を支払うことになりました。この時から四つ葉のクローバーのマークも採用されています。

それにしてもなぜ「グリーン」だったのでしょうか。明確な記録はありませんが、それまでの急行や普通列車用の1等車が、車体の側面窓下に目印として淡い緑色のラインを入れて

客車急行「能登」のグリーン車．窓下に淡い緑色のラインが入り，乗降扉上には「グリーン車」の表記が．その横には，四つ葉のクローバーをかたどったマークがある（1979年，上野駅）

いたことなど、1等車にまつわる色として緑が使われていたことがひとつの理由として考えられます。当時の資料には「グリーンが安全と快適をあらわすイメージに通じる」「色に対するイメージがよい」との記述があり、色の印象がよいことが採用の理由とされています。

こうしたいくつかの要因が絡み合って採用されたようです。以来50年、グリーン車は新幹線や特急だけでなく湘南新宿ラインなどにも普及し、豪華な設備というよりは気軽な着席サービスとして親しまれています。

（★／2019年5月31日）

走るレストラン「食堂車」

車窓楽しみ食べるぜいたく ご紹介

山陽鉄道(現JR山陽本線)の急行列車に食堂車が連結されて120周年になることにちなみ、鉄道博物館では2019年9月から企画展「走るレストラン～食堂車の物語～」を開催し、食堂車にまつわる資料を数多く展示しました。

かつての特急や急行列車は長い距離を長時間かけて走るものが多く、列車内でいかに食事をするかは大きな問題でした。早い時期から駅弁などもあり、その後車内販売も始まりますが、これだけでは需要を満たせず、調理設備や食事スペースなどを備えた食堂車が主要な列車に連結されるようになります。

戦前期には1等客など限られた乗客のための設備でしたが、戦後は数多くの特急・急行列車に食堂車や立食形式のビュフェが連結され、一般の乗客も移り行く車窓風景を眺めながら、食事を楽しめるようになりました。狭い車内で町のレストランに負けない味を提供すべく、スタッフは腕を振るっていました。

1909年に大宮工場(現JR東日本大宮総合車両センター)で製造された食堂車車内．洋食を提供していた

この企画展では、山陽鉄道の最初の食堂車で提供されたメニュー、戦前に車内で配布された食堂車の案内チラシ、占領下に運転された連合軍専用の食堂車、戦後復活した特急「つばめ」の食事メニュー、この時期に食堂車で使用されていたものと同じタイプの石炭レンジなど、珍しい資料を多数展示しています。

列車内で調理された料理を食べながら、車窓を楽しむ。こんなぜいたくな習慣がどのように始まり、なぜ今は少なくなったのか、資料や写真を通じて紹介しています。

(★／2019年10月4日)

特急列車の歴史
急行列車の中でも特別扱いだった

私たちは鉄道を利用して旅行に出かけるとき、群馬方面に行くときには特急「あかぎ」に乗って行こうなどと計画することがありますね。「特急列車」というのは「特別急行列車」を略した言い方で、急行列車の中でも特別な列車という意味なのです。新幹線はすべての列車が「特急列車」の扱いです。

鉄道開業初期には、駅を通過する営業列車はなく、全ての列車がいまでいう「普通列車」でした。時代が進んで長距離を走る列車がすべての駅に停車すると到達時間が長くなってしまうので、途中の何駅かを通過する列車が運転されるようになり、「急行列車」が誕生しました。

新橋〜神戸間で運転されていた急行列車で特に到達時間の短いものを「最急行列車」と名付けていましたが、１９１２(明治45)年に新橋〜下関間に延長し、「特別急行列車」を名乗るようになりました。昭和の中ごろまではいろいろな種別の列車があり、特急列車以外に

特急「富士」の1等展望車(1930年頃，東京駅)

「急行列車」「準急行列車」がありました。その中でも特別扱いとしていたのが「特急列車」だったのです。

運転速度や車両の性能なども順次向上し、特急と急行の差がなくなってきたこともあり、急行を廃止する機運となりました。「急行列車」では、青森～札幌間の急行「はまなす」が2016年に廃止されて以降、JRの定期列車としては運転されなくなったため、時刻表でも見ることはまれになりました。現在の時刻表を見ても「特急」と「普通(快速は普通の仲間)」しかなく、特別扱いの列車という印象は薄れていますね。

(☆／2020年4月24日)

大晦日の終夜運転
暮れの決済から初詣へ　歴史100年超

毎年大晦日から元日にかけて、首都圏・近畿・名古屋・福岡といった大都市圏を中心に初詣などに出かける人たちのために、終列車後も始発列車までの間に一定の間隔で列車を動かす「終夜運転」が行われています。

2021年は新型コロナウイルス蔓延《まんえん》の影響で中止となりましたが、今年は復活している路線もあります。終夜運転は1902(明治35)年の大みそかから、都電の前身である東京電車鉄道が新橋から上野・浅草間で、商人たちが遅くなった暮れの決済を済ませるための列車を運転したのが始まりと言われています。その後、次第に初詣客が利用するようになりました。

国鉄では1927年から実施されていました。1941年に太平洋戦争が勃発《ぼっぱつ》したことを受けて、同年から終夜運転は行われず、終戦後の1946年に都電が終夜運転を再開し、1952年に国鉄も続きました。

大手私鉄では、１９２８年の大晦日から翌年元日にかけて京成電気軌道（現京成電鉄）が国鉄に続いて成田山詣の終夜運転を行ったのが最初の事例となり、他社にも広まりました。戦時体制下では終夜運転は廃止されましたが、１９４９年の大晦日から各鉄道で復活していきました。近畿日本鉄道では戦前から実施し、いったん廃止されましたが、伊勢神宮をはじめとした多くの寺社への初詣客が見込まれる路線を中心に、特急の終夜運転を実施しています。小田急電鉄でも江ノ島方面を中心に特急「ニューイヤーエクスプレス」などを運行しています。

（☆／２０２２年１月１３日）

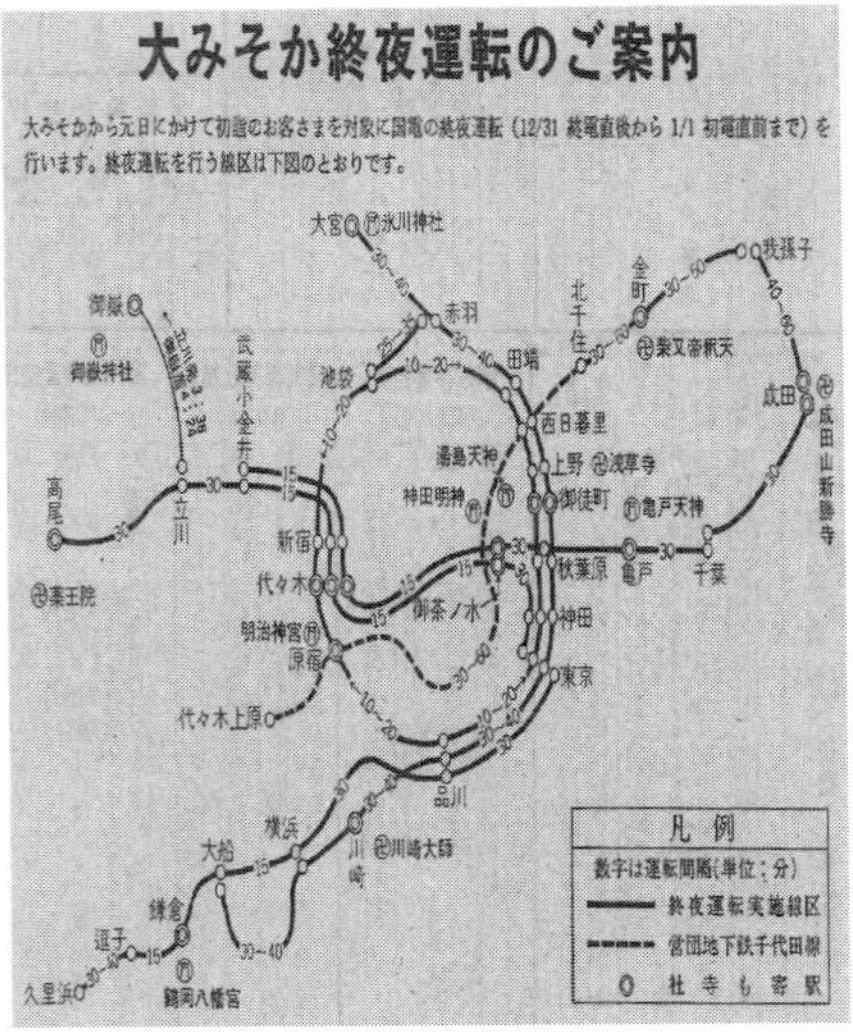

1984 年の首都圏での終夜運転の案内図（『時刻表』 1983 年 12 月）

改札口
「舟」上の職員 不正乗車との攻防

駅で待ち合わせをする時、「改札口あたりで」と言うことがありますよね。改札口は誰でもわかりやすい目印になっています。

「改札」というのは列車に乗る人が、乗車区間などが正しい切符を持っているか「改める」ということです。現在のような磁気やIC方式を用いて確認する自動改札機が登場する前は、改札係の人が紙に印刷された切符や定期券を目で見て確認していました。

大きな駅では、何人もの改札係が専用ブースに入り、紙の切符を受け取って確認し鋏《はさみ》を入れたり、乗客がかざして通る定期券を確認したりしていました。ブースはその形状から「舟」と呼ばれました。

鋏と言っても、単に切れ目を入れるだけではわかりにくい。だから、M字形とか四角とか三角とか、駅ごとに色んな形に切り取っていました。切り取る形でどの駅から乗ったかだいたい分かるのです。また、切り取る位置を時間によって変えることで、どの時間帯に改札口

1968年の新宿駅の改札口

を通ったかも分かるようにしていました。

紙の切符や定期券を使う方式であれば、改札係が見て確認する必要があります。心がけの良くない乗客は少しでも安い運賃で乗るために不正をしようとするため、改札係との間で知恵比べがなされていたと伝えられています。

一方で、ラッシュアワーのように多くの乗客が行き交う改札口では、改札係は定期券に印刷された文字を見なくても、不正乗車かどうかを見抜けたそうです。乗客の表情で気づけたというのです。

このほかにも、色々な言い伝えや「伝説」が残っています。

（☆／2023年5月11日）

消えゆく車内販売
形を変えても 旅の思い出に

東海道新幹線の車内ワゴン販売が2023年10月末で終了となり、多くのメディアなどで話題になりました。新幹線や特急列車に乗った際、コーヒーやそのほかの飲み物、弁当やお菓子などをワゴンいっぱいに載せて、押しながら売っているのを見たことがある人は多いと思います。JR(旧国鉄)だけでなく、一部の私鉄でも行われていました。一般に「車内販売」と呼ばれ、旅行をする人々に親しまれています。

昔は、凍らせたミカンなどが定番でした。最近では、カチカチに凍ったアイスクリームが注目を集めています。しかし、これまでのような車内販売は、駅周辺の店舗やコンビニなどが増えたことで利用者が減ったうえ、昨今の人手不足で販売員の確保が難しいこともあり、縮小される傾向にあります。そもそも、こうした車内販売はいつ頃に始まったのでしょうか。

鉄道が開業して多くの人々が利用するようになりましたが、弁当やお茶などは乗車前や停車中に途中の駅で買うか、食堂車で求めるのが定番でした。そこで、当時の鉄道省が、旅客サービス改善の一助として、1934年、食堂車が連結されていない列車で、弁当とお茶の販売を試験的に行ったところ、好評を得ました。このため鉄道省は新たに「列車内乗込《のりこみ》販売手続《てつづき》」を制定し、翌年11月から車内販売として正式に開始しました。

以来、約90年の間には、売店形式のものやビュフェ、カフェテリア、カウンター、自動販売機などで物品を販売している列車が登場しました。首都圏JR線の普通列車のグリーン車では、グリーンアテンダントと呼ばれる客室乗務員が、車内改札や案内をしながら、飲み物やスナックなどの販売を行っています。

車内での飲食は、形を変えながらも、これからもみなさんの旅の思い出の1つであり続けるでしょう。

（☆／2023年11月15日）

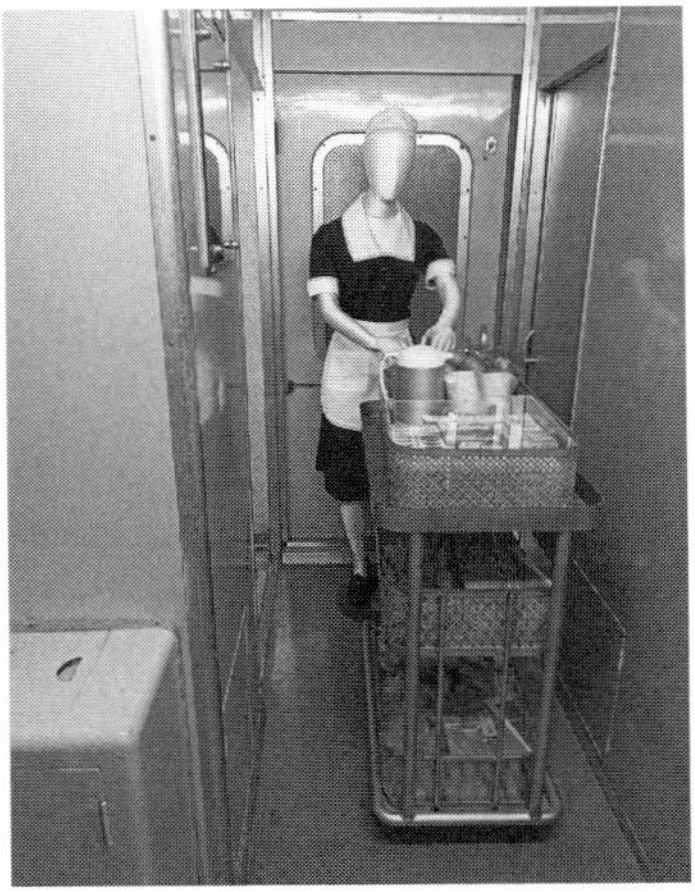

鉄道博物館で展示されている，冷凍ミカンが載っている車内ワゴン販売の様子

ソファや畳……変わり種も
座席の形、路線に合わせて

電車に乗ったときに車内を見回すと、窓際に公園のベンチのような長いシートが設置されている車両や、4人が向かい合わせに座る席、2人掛けで進行方向に向いているものなどがあることに気づかれるでしょう。

鉄道用語で、窓際に沿った長いシートを「ロングシート」、窓に直角になっているものを「クロスシート」、両方が設置されているものを「セミクロスシート」と呼んでいます。4人が向かい合わせに座る席を「ボックスシート」と呼ぶときもあります。

座席の形は、車両がどのような路線を走るかによって選びます。通勤路線のように駅間が短く乗降頻度が多い場合には出入り扉を多く設け、ロングシートにして乗降客が素早く乗り降りできるようにした車両を使用します。特急のように長距離を走り、乗降頻度が少ない列車はクロスシートにリクライニング機能を付け、ゆったりと旅の気分を味わえるようにしました。都市近郊を走る中距離列車などは、ロングシートとクロスシートを組み合わせたセミ

鉄道博物館に展示されたクモハ455形の車内．クロスシートの一部がロングシート化されている

クロスシートにして、旅と通勤の両方に使えるようにしているものや、クロスシートの急行用車両を普通列車に使用するため、クロスシートの一部をロングシート化した車両があります。

鉄道会社によっては、クロスシートの背ずりを電動で窓側に向け、ロングシートのようにできる車両もあります。特急のようにオールクロスシートの車両が終着駅で折り返す場合に、すべての座席を自動で回転させて向きを変えるものもあります。変わり種としては、座席として販売しているのですが寝転んで過ごす2段ベッドのような「ノビノビ座席」と言われるタイプもあり、リゾート列車と呼ばれる列車には豪華なソファの座席があります。過去には畳を敷いたお座敷列車もありました。

また、新しい車両では座席の下に支えを設けない構造にしているものがありますが、これは車両基地などで車内清掃をする場合に作業時間を短くしたり、清掃機械が使えるようにしたりするためです。昨今の人手不足を、車両の構造は先取りしていたのですね。

（☆／2024年2月22日）

除雪作業を見守る人々(1964年)

6章

鉄道を知る、楽しむ、味わう博物館

SLシミュレーター・その1
操縦技術や缶焚き　後世に伝える

電車の運転台を模してレバーで操作し、運転士気分になれるゲームがあります。あれは「運転シミュレーター」なのでしょうか？

違います。実際の運転の訓練に使うシミュレーターは同じ動きをしているように見えますが、ただ画面を動かしているのではなく、全く違う方法で動いているのです。電車のシミュレーターは、刻々と変化する天候など、様々な条件下で実物が走る時と同じ動きになるように、高性能のコンピューターを使い、高度なプログラミングで画面を動かしています。

シミュレーターは、航空機の訓練のためのものが有名です。実物を使う訓練では墜落の危険もあるからです。鉄道の訓練は実物を使っていましたが、シミュレーターで場所や時間の制約なく色々な訓練ができるようになり、事故防止に大きく役立っています。

鉄道博物館を開業する際、世界初となる蒸気機関車(SL)シミュレーターの導入を決めました。明治維新以後、国内産業の隆盛を支えたのは鉄道で、SLの果たした役割は多大でし

鉄道博物館のSLシミュレーター(2012年，さいたま市大宮区)

た。熟練の操縦技術や缶焚《かまた》きなど過酷な作業で成し遂げられたことを後世に伝えようと、可能な限り忠実に再現することにしました。

D51形の運転台をはじめ、ハンドルなどすべて実物の操作機器を使って製作。その機器に、動きを実現するソフト部分を融合させようと、シミュレーター制作会社に参加してもらい、私が監修者となりました。ところが、ソフト開発を担うシステムエンジニアたちは、実物のSLを見たこともない20〜30代。鉄道博物館開業まで約1年のことでした。

(☆／2016年11月19日)

SLシミュレーター・その2
実物知らず　若き技術者が奮闘

鉄道博物館の目玉となっている世界初の蒸気機関車（SL）シミュレーター。その製作にあたり、JR釜石線の運転を模擬し、沿線の実写映像を使うことにしました。釜石線はカーブや勾配《こうばい》が多く、SL運転の難しさが実際に近い形で体験できるからです。

撮影には機材を設置した臨時のディーゼル列車を走らせました。後で実際のSLを走らせて取った線路のデータと同期させる必要があり、ダイヤの隙間を定速で走らせるのは予想以上に大変でした。

撮影が終わり、シミュレーター本体の製作を始める直前の会議で、私は仰天しました。シミュレーター制作会社のシステムエンジニア（SE）たちは20〜30代で、SLなど乗ったことも、じかに見たこともないというのです。鉄博開館まであと1年弱。間に合うだろうか。不安がよぎる中、私は彼らにSLを一から知ってもらおうと気を引き締めました。

まず彼らを営業線で走っているSLの運転台に乗せ、運転や機器の操作方法を見て映像に

釜石線で運転された映像撮影列車に設置した撮影機材（2006年，岩手県）

記録してもらうことに。構造解説書や設計図面でSLの仕組みや運転理論も学んでもらい、並行してシミュレーターを製作してもらうという「離れ業」を求めました。信越本線では、シミュレーターのモデルのD51形が牽引《けんいん》する臨時列車を運行させ、出発から停車までのあらゆるデータをとりました。

作業を重ねるうち、若きSEたちは「SLの運転がこれほど複雑で難しいものとは想像もしなかった」と言いながら、表情を変えていきました。世界初のシミュレーターを何としても作るぞと、挑戦する意欲がかき立てられていたのです。

（☆／2016年12月10日）

SLシミュレーター・その3
元国鉄機関士「実物通りの感触」

鉄道博物館に世界で初めて導入することになった蒸気機関車(SL)シミュレーターの開発は、急ピッチで進みました。計測が困難な、動輪が空転したときのデータが偶然取れたり、モデルのD51形が走るJR信越本線横川駅で、地元の協力を得て何種類もの汽笛音を録音したりして、何とか下準備が整いました。次はSLを知らない世代のシステムエンジニア(SE)たちの腕の見せどころです。

ある日、一番若いSEが、ブレーキ装置の操作見本ができたと私のところへ来ました。機関車のブレーキ装置は最も難しい機器の1つ。不安もありましたが、まさかと思えるほど完璧に近いものに仕上がっていました。構造解説書と図面、動作ビデオだけを参考にここまで作れるなら、シミュレーターの完成は開館に間に合うかもしれない。希望が膨らみました。

それから半年、不眠不休に近い作業を続け、シミュレーターはついに完成しました。元国鉄機関士に操作してもらうと「実物通りの感触だ」との高評価。鉄道技術研究所(現鉄道総合技術研究所）出身の大学教授にも「理論通りに動いている」とお墨付きをもらいました。みんなの苦労が一気に吹き飛びました。

２００７年の開館直後、英国の国立鉄道博物館（ＮＲＭ）の館長が来日しました。シミュレーターを体験した館長はとても気に入り、ＮＲＭにも入れたいと協力を依頼してきました。私はＮＲＭに行き、費用見積もりと工程表を作って協議を始めましたが、２００８年のリーマン・ショックで英国の予算が縮減。残念ながら計画は中止となりました。

いつの日か、鉄道発祥の地に、日本で開発されたＳＬシミュレーターが導入されるでしょうか。そんな歴史的な出来事を夢見ています。

（☆／２０１７年１月２１日）

SL シミュレーターの運転席からの見通し（2016 年，さいたま市大宮区）

鉄道ジオラマ
迫真リニューアル　魅力たっぷり

鉄道博物館の鉄道ジオラマが2017年7月、リニューアルオープンしました。大きさ（横幅約23メートル、奥行き約10メートル）はこれまでとほぼ同じですが、まったく新しいジオラマに一新しました。

構造面では、ジオラマと観覧席を仕切っていたガラスを取り払ったほか、路線を都市部とその他のエリアに分けて列車が走る様子をご覧いただけるようにしました。

都市部では、山手線と京浜東北線を中心に通勤電車が頻繁に行き交う様子や、特急などの長距離列車が発着する様子を間近にご覧いただけます。そこから遠くへ伸びる線路では、特急列車や寝台列車などが出発して行く姿が楽しめます。独立した新幹線の路線では全国各地の新幹線が走りますが、中でもE5系「はやぶさ」とE6系「こまち」が途中の駅で連結したり、切り離されたりする様子も本物に近い形で再現しました。

小田急ロマンスカーなど私鉄車両も新たに導入しました。映像もふんだんに取り入れ、走

リニューアルオープンした鉄道博物館の鉄道ジオラマ（2017年，さいたま市大宮区）

行中の列車などを大画面に映し出します。

運用面では、列車のコントロールをできるだけプログラミングして自動化を実現。展示解説員がポイントの操作や列車の速度調節に手を取られることなく、お客様の目線で説明に専念できるようになりました。

オープン直後には、展示解説員が「いま坂道を登り始めた列車は——」と説明したのに列車が見当たらなかったり、脱線した車両を線路に載せるため担当者がジオラマの中をガリバーのように歩き回ったりすることもありました。そんなアクシデントも含め、鉄博ならではの醍醐《だいご》味《み》と思っていただければ幸いです。

（☆／2017年8月4日）

鉄道博物館
子どもの「夢の国」であり続けたい

鉄道博物館(以下、鉄博)には鉄道好きの子どもが多く訪れます。開館と同時にミニ運転列車の整理券を取りに向かい、鉄道ジオラマを走る模型に歓声を上げ、新幹線ラウンジで駅弁を食べながら行きかう新幹線の姿を追いかける――。丸一日、鉄道を満喫する学びの場となっています。閉館の午後6時(当時)を回る頃には、「まだ帰りたくないよ~」とぐずり、親御さんがなだめる姿も。床に寝転んで泣き出し「徹底抗戦」するような子どもは、よほど鉄博が気に入ったのでしょう。

子どもにとって鉄博は「夢の国」。さまざまな車両に出会い、車内に乗り込んで旅気分を味わい、鉄道ジオラマで多くの模型が走り回る姿を見て、ミニ運転列車や運転シミュレーターで運転の仕方を学べます。また、食事をしながら新幹線や高崎線、運がよければ蒸気機関車(SL)の試運転も見ることができるのです。

思い返せば、私が初めて訪れた博物館は東京・万世橋にあった交通博物館でした。小学生になった頃、親に連れられて見学し、所狭しと展示された実物車両や精巧な模型などに圧倒されました。マレー式機関車の大きさに驚き、メカニカルな姿に引きつけられ、ＨＯゲージの鉄道模型が走り回る姿に興奮したのを覚えています。お土産に買ってもらった保育社カラーブックスの「日本の鉄道」は、擦り切れるほど読み返しました。そんな経験が鉄道に関心を持ち、今の職業に就くきっかけになったのかもしれません。

子どもの頃の体験は、後々まで大きな影響を及ぼします。鉄博に２０１８年７月にオープンする南館も、夢のつまった施設にしようと準備を進めています。これからも鉄道の魅力を楽しみながら学ぶ場として、子どもたちの「夢の国」であり続けたいと思います。

（★／２０１８年３月17日）

北海道新幹線の開業日，鉄道博物館屋上から新函館北斗発１番列車「はやぶさ 10 号」に手を振る人たち（2016 年，さいたま市大宮区）

＊現在は、ミニ運転列車はアプリによる抽選に、閉館時間は午後5時に変更になった。

鉄博の車両ステーション
展示車内から こだわりの車窓映像

鉄道博物館は2007年の開館以来、日本の鉄道史を彩る貴重な車両36両(2025年現在42両)をヒストリーゾーンに展示し、その車両が活躍した時代に関する解説パネルを設け、資料を展示してきました。2018年の7月に南館がオープンするのを機に、こうした鉄道史は南館に設ける歴史ステーションで詳しく説明することにしました。従来のヒストリーゾーンは2017年の春に、車両ステーションと改称し、車両の魅力をじっくり見てもらえるよう工夫を凝らして4月にリニューアルオープンしました。

例えば、戦前から各地のローカル線で活躍したキハ41300形沿いの壁面に、同車がかつて走ったJR小海線の車窓映像を上映し、実際に、列車に乗っている雰囲気を味わえるようにしました。この車窓映像は、スタッフが小海線に乗って撮影しましたが、列車には一般のお客さんも乗っています。撮影に適した席を押さえるため、発車の2時間前からホームに並んで席取りをしました。ところが連日の雨で中止となり、結局3回出向いてようやく納得のいく撮影ができました。

キハ41300形が活躍した当時と現在とでは列車の速度が異なり、再生時には駅から発車する時の加速や、走行中の速度についても、当時に近づけるよう難しい調整をしました。

走行音については、保存鉄道で実際に気動車が走る音を録音したものを使うなど細部にまでこだわり、列車に乗っているかのような雰囲気を再現しているのです。

JR小海線の車窓を楽しめるキハ41300形の車内(2024年，さいたま市大宮区)

鉄博の車両は静態展示のため、車両そのものの「動き」を見せることができません。何とか静態保存の車両について少しでも動きを実感してもらうべく、最新の映像技術を駆使し、現役時代の走る姿を思い描いてもらえるよう工夫しています。

（★／2018年6月16日）

南館オープン

歴史たどれる所蔵資料を厳選して展示

鉄道博物館の南館が2018年の7月5日にオープンしました。本館と合わせた展示面積はこれまでの約1・3倍となり、内容もさらに充実させ、連日多くの親子連れや鉄道ファンの方々でにぎわっています。

南館では、これまで十分に展示できていなかった鉄道の「歴史」「仕事」「未来」を取り上げています。特に力を入れたのが歴史です。かつて車両ステーションで日本の鉄道の歴史を紹介していましたが、展示車両の迫力に負けてしまうこともあり、来館者が鉄道の歴史の流れをたどることはあまりできませんでした。

そこで南館では3階をすべて歴史ステーションにしました。日本の鉄道の歩みを6つの時代に分け、建築、電気と電車、車両、運転・制度、信号、営業・サービス、土木の7分野の技術的特徴を時期ごとに展示。各時代の入り口には、当時の代表的な駅の出札・改札口を再現し、各時期の社会状況と鉄道の関わりも詳しく紹介しています。

技術的な切り口から鉄道の各分野の変遷をたどった展示はかつてなく、担当者は大変な苦労をしました。所蔵資料の確認に始まり、資料をもとにどのように展示するか方針を立て、展示構成を固めていきました。とりわけ解説原稿の作成は大仕事でした。学芸員3人で手分けして文献や資料に当たり、議論を重ねながら解説原稿を書き上げ、文字量は約5万字になりました。

さらに、展示する資料や写真は、鉄博が所蔵している約67万点の中から厳選し、約1500点に。このようにして作り上げた歴史ステーションには、担当者の思いが詰め込まれているのです。とても一日では見きれないボリュームですが、ぜひともじっくりご覧いただければと思います。

（★／2018年7月21日）

戦後にぎわった上野駅の光景が歴史ステーションに再現された（2023年，さいたま市大宮区）

迂回貨物輸送
大災害時の困難を鉄道の総力で克服

鉄道博物館では2019年2月まで、企画展「貨物ステーション～カモツのヒ・ミ・ツ～」を開催し、2018年秋に運転された迂回《うかい》貨物輸送の資料も展示しました。

7月に発生した豪雨災害の影響で、貨物輸送の大動脈である山陽本線が運転不能となり、船やトラックで代行輸送をしましたが、十分な輸送力が確保できませんでした。そこでJR貨物とJR西日本は、岡山から伯備線、山陰本線、山口線を経由して新山口へ出るルートで迂回貨物列車の運転を計画。8月28日から名古屋貨物ターミナル～福岡貨物ターミナル間で、その区間を迂回する貨物列車1往復の運転を始めました。山陽本線の復旧により、9月末でいったん運転は終了しましたが、台風24号で再び同線が不通になったため、10月6日から11日まで再度運転されました。

2011年の東日本大震災でも、燃料不足に陥った東北の被災地へ、東京から新潟・会津若松を経由して郡山《こおりやま》へ向かう貨物列車、新潟・青森などを経由して盛岡へと向かう貨物列車

普段は貨物列車の走らない山陰本線を行く迂回貨物列車
(2018年，五十猛～仁万間)

が運転されました。

このように大災害発生時には、鉄道ネットワークをフル活用した迂回輸送が行われてきましたが、今回も普段は貨物列車の走らない区間での鉄道事業の許可の取得、機関車の手配、設備の確認、ダイヤの調整、運転士の訓練など、さまざまな困難を克服して実現しました。いわば鉄道の総力を挙げた輸送となったのです。

企画展では、2011年の磐越西線、今回の伯備線で貨物列車の先頭に立った機関車に取り付けられたヘッドマークの実物を展示しました。鉄道人の心意気の結晶と言えます。

（★／2018年12月7日）

鉄博フォトアーカイブ展
鉄道マンの仕事　変遷を読み解く

鉄道博物館では2019年の6月末まで、企画展「鉄道マンの仕事アルバム—鉄博フォトアーカイブ展」を開きました。鉄博には長年収集を続けてきた写真資料が約13万点所蔵されていますが、その中から各時代の鉄道に従事する人々の姿を記録した写真に焦点をあて、約160点を紹介しています。

この写真はその中の1枚、1904(明治37)年頃の撮影です。駅名標は「わらう」ではありません。右書きで「うらわ」とあるように、浦和駅のプラットホームに椅子を並べて撮られたものです。すました表情の制服姿の職員、「保線工夫組長」と記された法被《はっぴ》を着た人、家族と思われる子供も一緒に写っています。

さまざまな職種の人たちが鉄道の運行を支え、その服装も様々だったようですが、これは単なる記録写真ではありません。誇らしげに撮影に臨んでいる鉄道マンたちの晴れやかな表情からは、当時の鉄道マンの心意気までも感じ取ることができます。

誇らしげな表情でポーズをとる鉄道マンたち（1904年頃，浦和駅）

後方に咲き誇っているのはサクラの花。浦和駅は今では県庁所在地の駅として多くの列車が発着し、たくさんの乗降客でにぎわっていますが、約110年前にはこれほどのどかな光景が広がっていたのです。

技術の進歩で鉄道システムそのものが変化したため、現在ではなくなってしまった作業も少なくありません。展示では、昔はこんな仕事もあったのかと現代人が驚くようなものや、昔も今も変わらぬ作業の様子など、「鉄道の仕事」の視点から数多くの写真に写り込んだ情報を読み解いています。

（★／2019年3月15日）

鉄道写真家・南正時作品展 その1

SL風景に溶け込み郷愁誘う

鉄道博物館では、2020年10月から2021年1月まで、「鉄道写真家・南 正時作品展〜蒸気機関車のある風景〜」を開催しました。鉄道写真家・南正時氏より作品の寄贈を受けたことにちなみ開催するもので、蒸気機関車を撮影した作品約70点を展示しました。

南氏は1946年に福井県に生まれ、当初はアニメーターとして活躍。のちにフリーカメラマンとして独立し、約半世紀にわたり鉄道写真家として数多くの作品を発表してきました。1975年から刊行された子供向けの図鑑方式の鉄道本「○○大百科」シリーズは、当時の鉄道好き少年のバイブルとなり、同時期にヨーロッパの国際特急列車(TEE)を日本に初めて本格的に紹介するなど活動は多岐にわたり、わが国に「鉄道写真」のジャンルを確立した写真家の1人といえます。

今回はご寄贈いただいた作品の中から、70年代に南氏が全国を巡り、撮影した蒸気機関車を取り上げました。70年代前半は国鉄路線上から蒸気機関車が姿を消していった時期にあた

「秘境路線」として知られる只見線を行く蒸気機関車(1970年，会津宮下〜早戸間，南正時氏撮影)

ります。日本の原風景ともいうべき美しい光景の中、力強く走る蒸気機関車の姿を記録した作品は郷愁《きょうしゅう》を誘います。こうした日本の風景に溶け込んだ蒸気機関車の姿は、今は失われた昭和の鉄道風景を記録したもので、誰もが「いつか、どこかで目にした光景」を彷彿《ほうふつ》とさせ、見る者を魅了してやみません。

秋の一日、美しい四季の光景の中を行く蒸気機関車の姿を堪能してみてはいかがでしょうか。

(★／2020年10月2日)

過去の写真等でたどる山手線の歩み

山手線　環状線になるまでの歩み

鉄道博物館では2022年1月末まで、企画展「山手線展～やまのてせんが丸くなるまで～」を開催しました。

山手線は東京の中心部を一周し、毎日多くの人が利用しています。しかし、1885(明治18)年に開業した際は、今とは全く異なる役割を担っていました。当時の東京の鉄道は新橋から西へ向かう東海道線、上野から前橋へ向かう現在の東北線・高崎線しか開業しておらず、この両線をつなぐバイパス路線として、品川～赤羽間を結んで開業しました。

両線の終点だった新橋と上野の間を結んだ方が距離を短くできますが、江戸時代以来の市街地に鉄道を通すことは難しく、当時の東京市域の西縁を迂回する形で建設されました。このため開業時の旅客列車は3往復で、新宿駅の平均乗降客数はわずか30人ほど。雨の日はゼロという、今では信じられない姿でした。

東京の発展に伴い、都市内を移動する旅客用の環状線として活用されるようになります。

電化・複々線化工事を進めて1925（大正14）年に電車による環状運転を開始し、併せてこの電車線に並行して貨物線を設け、貨物列車と旅客列車を分離しました。以来約100年にわたり東京の中心部を結ぶ路線として利用されてきた歴史を、企画展では資料や写真とともに紹介しました。

カメラ量販店のテレビCMにも歌われたウグイス色の山手線103系電車（1963年頃，東京駅）

開業時から現在までの車両デザインをプロジェクターで投影し、各時代をタイムスリップしながら学べる「プロジェクションマッピング」の制作は、埼玉県立新座総合技術高校の生徒たちが担いました。高校生たちが企画したクイズやゲームも併せて楽しむことができました。

（★／2021年12月2日）

南正時さんの作品展　その2
美しい四季と蒸気機関車　堪能を

鉄道博物館では、2022年6月まで「鉄道写真家・南 正時写真展～蒸気機関車のある風景 西日本編～」を開催しました。2020年10月から翌年1月まで開催し、東日本の蒸気機関車を取り上げた展示会の第2弾となりました。南正時氏より、貴重な作品の寄贈を受けました。

今回の作品展では、1970年代に南氏が西日本各地で撮影した蒸気機関車の写真を紹介します。1970年代前半は、動力の近代化によって、国鉄路線上から蒸気機関車が姿を消していった時期にあたります。北陸、関西、山陰、九州といった各地の四季折々の美しい光景とともに、力強く走る蒸気機関車の姿を記録した作品は郷愁を誘います。今は失われた昭和の鉄道風景を記録したものです。

（★／2022年3月17日）

満開の桜の下を行くD51形(1972年，関西本線 大河原〜笠置間，南正時氏撮影)

制服150年の歩み
鉄道員として誇りと伝統まとう

1872(明治5)年の鉄道開業とともに、駅長、車掌、旅客係、保線助役、信号係、構内係の6種類の制服が定められた歴史をご存じですか?

鉄道博物館では2023年5月半ばまで、企画展「鉄道と制服～ともに歩んだ150年～」を開催しました。制服は、一般の利用者が駅や現場で鉄道職員を見分けられるようにする役目があります。制服を身に着けた鉄道員は、利用者に信頼や安心をもたらしてくれます。鉄道員にとっても、作業をしやすいことはもちろん、自分の職務に対する責任感や職場内の連帯感を育み、さらには鉄道員としての誇りを体現するものでもありました。

時代を経るにつれて、鉄道の職種が多くなり、さまざまな制服が登場しました。興味深いのは、時代背景を制服から知ることができる点です。企画展では、国鉄時代やJR東日本で使用されてきた制服を中心に、その歩みを紹介しました。

明治末から大正期には剣を帯びるなど、権威的な制服が現れました。昭和になると、機関

蒸気機関車の火室に投炭する機関助士の制服（1955年）

士らが着用した、薄青色のいわゆる「ナッパ服」と呼ばれる作業服が採用されました。戦時中には、カーキ色でボタンなどに代用品を用いたものが登場しました。

また、戦後の特急列車に乗務して「つばめガール」「はとガール」と呼ばれた女性列車給仕の制服や、特急や急行列車に連結された食堂の女性従業員の制服も展示されました。

開業から150年の歴史を、時代ごとの制服から感じ取ることのできる企画展でした。

（★／2023年3月2日）

南正時さんの作品展　その3
ブルートレインの記憶と記録

鉄道博物館では2023年9月下旬まで、企画展「鉄道写真家・南　正時作品展〜ブルートレイン　夢の旅路へ〜」を開催しました。鉄道写真家・南正時氏から作品の寄贈を受けたことにちなんで開催するもので、南氏の作品展としては今回で3回目となりました。

南氏は1946年に福井県に生まれ、当初はアニメ制作会社で活躍しますが、のちにフリーカメラマンとして独立し、半世紀にわたり鉄道写真家として数多くの作品を発表してきました。特に1970年代には寝台特急列車、いわゆるブルートレインを取り上げて数多くの作品を発表し、若年層を中心に大人気となった〝ブルトレブーム〟の一翼を担いました。

今回はこのブームのさなかに撮影された約80点を展示しています。上野から東北・北海道方面、東京から九州方面、大阪から九州・東北方面など、多数の寝台特急列車が各地へ向かって走っていた、ブルートレイン全盛期の颯爽《さっそう》とした姿が並びます。

また、南氏は列車の走行シーンにとどまらず、添乗取材し、ブルートレインの長旅に身を

東京から長崎と佐世保を結んだ寝台特急「さくら」(1975年，真鶴〜根府川間，南正時氏撮影)

ゆだねる乗客の様子や食堂のクルーといった車内で働く人々の姿にも注目し、撮影しました。そうしたブルートレインに関連する様々な作品は、ブルートレインが姿を消した現在、夜行列車の旅の実態を伝える貴重な記録となっています。

今回の展示では南さんの作品に加え、博物館で所蔵するヘッドマークをはじめとした関連資料を交えて、かつてのブルートレインの旅の〝夢の旅路〟も紹介しました。

(★／2023年8月3日)

時刻表から消えた機関車

軟弱な地盤の国土　動力分散し高速化

鉄道博物館では、2024年1月下旬まで企画展「大機関車展～日本の鉄道を引っぱった勇者たち～」を開催しました。

日本では鉄道が1872(明治5)年に開業してから長らく使用された蒸気機関車(SL)に代表されるように、列車は主に先頭の機関車が後続の車両を引っ張るのが一般的でした。動力は蒸気から電気・ディーゼルへと変わりながらも、機関車は活躍してきました。

今でも、貨物列車には機関車が使われていますが、最近、機関車が引っ張る旅客列車を見かけなくなったと思いませんか。実は、JR各社では臨時列車を除いて、時刻表から消えてしまっています。これは、日本の国土の事情が大きく影響しています。ヨーロッパやアメリカ、その他の多くの国では、都市の交通を除いて機関車が引っ張ったり後ろから押したりする列車が、今でも多く使われています。

日本は国土の約75%が山地と言われ、残る平野の多くも、山が浸食されて積もった軟弱な地盤でできています。高速化するには、列車の馬力を上げなければなりませんが、馬力を上げるには機関車を大型にする必要があります。しかし、機関車を大型化すると重くなり、軟《やわ》らかい地盤の上に敷いた狭軌が多い日本の線路では、高速運転が難しくなるのです。

そこで、重い1両の機関車で引っ張るのではなく、後ろの車両にもあちこちに動力装置をつけて、重さを分散させよう、と考えました。つまり、電車方式にするわけです。そうすることで編成全体の馬力を上げられるので、山地でも平地でも高速運転ができるようになるのです。

機関車を使用する方式を「動力集中方式」、電車のような方式を「動力分散方式」と言います。もちろん、新幹線は動力分散方式の電車です。ヨーロッパやその他の国でも、動力分散方式の良さを採り入れ、電車方式を採用するところも出てきました。

（☆／2023年12月14日）

東海道本線全線電化完成を記念した特急「つばめ」の発車式．機関車が鉄路の主役であった時代のワンシーン（1956年，東京駅）

おわりに

本書は、朝日新聞さいたま版で2016年4月から連載を続けている「てっぱく発 鉄路さいさい」を書籍化したものです。原稿の執筆は副館長の荒木と、主幹学芸員の奥原が担当しています。今回は連載順ではなく、改めて連載内容をテーマ別に分けて章立てし、再構成しました。

改めて目次を見渡すと、鉄道にまつわる歴史、車両の話題、各路線のあゆみと特色、鉄道各分野の技術・システム、鉄道に関するさまざまな出来事やルール、独特な用語、色や音のいろいろ、列車にまつわる話題、そして鉄道を知るための存在としての鉄道博物館についてなど、実に多くの分野について取り上げてきました。

＊

日本の鉄道は、1872(明治5)年に新橋〜横浜間が開業して以来、国の近代化を進めるために建設が進められ、全国各地へと路線が延ばされていきました。明治政府は江戸時代の幕藩体制に代わり、中央集権制による社会制度や経済の近代化をめざし、その基盤となる交通インフラとして鉄道を全国各地に延伸し、それによって政府の方針や意向を全国にいきわたらせようとしました。明治末までに主要な幹線の多くが建設され、その後は地方ローカル線の建設を進め、昭和初期にはほぼ全国へ鉄道網が広がります。当時は道路の整備が不十分なため自動車交通は未発達で、鉄道各分野の国産技術が確立され、旅客・貨物輸送の両面で黄金時代を迎えました。

その後、第二次世界大戦中には軍事輸送に追われ、戦後は荒廃した設備のまま混乱期の輸送を支えます。以後は、日本経済の急成長に対応するために、各分野での技術開発を進め、1964年には磨き上げた鉄道技術を結集させて大量・高速輸送の可能な新幹線を開業させました。最高速度200㎞/h超での営業運転を実現させた新幹線は、世界の鉄道にも大きな影響を与えました。

旅客輸送の面では大都市部での通勤・通学や買い物、東京や大阪などから全国各地へと向かう長距離輸送、地方のローカル輸送など、さまざまな局面で多くの人々に利用されてきました。さらに貨物輸送についても国内物流の約半分を担うなど、まさに陸上交通の主役の座にありました。このように国民生活に大きな影響を与える存在となった鉄道に対し、国民も大きな期待を寄せてきました。それに応えるべく、鉄道を運営する側も懸命な努力を続けてきたのです。

こうした歴史的・技術的・経済的な背景があるため、鉄道について知ることは、各時期の社会の状況を知ることにもつながります。単に鉄道という交通機関についての歴史や技術を学ぶにとどまらず、日本という国の社会や経済、技術の変遷やそのあり方を知ることにもなるのです。ここに鉄道を知ることの大きな意味があると考えます。

＊

鉄道博物館は、鉄道開業50年を記念して、1921(大正10)年に東京駅北方の高架線下に開館しました。以来、神田・万世橋への移転や、鉄道以外の交通各分野を取り扱って交通博物館を名乗った時代をへて、2007年にさいたま市に移転し、取り扱う範囲は鉄道を中心とし、館名を再び鉄道博物館として再出発しました。この間100年以上にわたり、鉄道に関する資料の収集を続けてきた結果、約67万点の資料を収蔵するようになりました。

博物館にとって、取り扱うテーマに関する資料をどれだけ所蔵しているかが、その価値をはかる目安になります。当館は、長年にわたり資料の収集を続けてきた結果、国内の鉄道系博物館の中ではもっとも充実したコレクションを誇っています。資料は、鉄道車両、部品、電気・信号・土木・建築といった各分野の実物資料、明治初期からの許認可関係の公文書や図面、文献や時刻表、乗車券類や絵はがき、ポスターやパンフレット・チラシ、写真や映像、鉄道に関する美術品などさまざまな分野にわたっています。

そしてこれらの資料を元にして、日本の鉄道史の中で主要な役割を果たした歴史的な車両を展示する車両ステーション、150年を超える日本の鉄道の歴史を紹介する歴史ステーション、鉄道の仕組みを体験しながら学ぶ科学ステーション、現在の鉄道の仕事を紹介する仕事ステーションといった常設展示を作り上げました。さらに、期間を限ってテーマを定めた企画展を企画・開催しています。企画展もテーマを語るためのさまざまな資料が必要で、多くの所蔵資料を持つことから、多様なテーマの展示を可能にしています。つまり、博物館はモノ(資料)があることが活動の第一歩となり、モノ(資料)を元にして、鉄道の果たしてきた使命や役割を語ることができるのです。

*

今回の連載も、こうした博物館でコレクションしているモノ(資料)を読み解きながら、さまざまな分野について語っています。その分野は歴史、経済、技術、文化、生活など多岐にわたり、各時代の生活の様子や文化のあり方まで知ることができます。この本を通じて、鉄道を知ることで広く世の中の仕組みや、社会のありようを知っていただけたら幸いです。

2025年1月

奥原哲志

鉄道博物館案内

鉄道博物館はJR東日本創立20周年記念事業の一環として，2007年10月14日に，さいたま市大宮に開館しました．常設展は「車両」「科学」「仕事」「歴史」「未来」をテーマとした5つのステーション(展示室)や体験展示を中心に，鉄道の歴史・技術の発展と人々の暮らし・文化との関わり，安全・安定運行のために休まずに働き続ける鉄道システム，そして未来へ向けて発展を続ける鉄道の姿を紹介しています．また年に3回程度，特定のテーマを取り上げて期間を限った企画展を開催しています．

開館以来，多くのお客様にご来館いただき，2024年7月には累計来館者数が1,400万人に達しました．

【開館時間】　10:00〜17:00(最終入館16:30)
【休館日】　毎週火曜日，年始年末
詳しくは，https://www.railway-museum.jp/　をご参照ください．

〒330-0852
埼玉県さいたま市大宮区大成町3丁目47番　☏048-651-0088
＊JR大宮駅よりニューシャトル「鉄道博物館駅」下車，徒歩1分

荒木文宏
1941 年大阪府生まれ．大学を卒業後，国鉄・JR に勤務．本社や電車区，工場などを経て，現在，鉄道博物館副館長．著作に『なぜ日本の列車は秒刻みで動くのか』(交通新聞社，2021 年)がある．

奥原哲志
1964 年長野県生まれ．大学院(修士課程)修了後，新宿区立新宿歴史博物館，交通博物館を経て鉄道博物館に開館時から勤務．現在は主幹学芸員．著作に『図説 駅の歴史 東京のターミナル』(交通博物館編，河出書房新社，2006 年)，『てっぱく発 鉄道れきし旅物語』(鉄道博物館編，朝日学生新聞社，2014 年)，『鉄道博物館 鉄道開業 150 年記念企画展 鉄道の作った日本の旅 150 年』(鉄道博物館編，2022 年)の企画・構成・執筆担当．『鉄道史大辞典』(老川慶喜他編，朝倉書店，2024 年)の事項解説執筆など．

企画協力：**鉄道博物館**
JR 東日本創立 20 周年記念事業のメインプロジェクトとして，2007 年 10 月 14 日，さいたま市大宮に開館，以来，多くの人々が来館している．また 2018 年 7 月には新たに南館をオープンし，本館の常設展示を全面的にリニューアル．そして館内を車両・歴史・仕事・科学・未来の 5 つのステーションに分け，より多彩な切り口で人と鉄道の豊かな物語を展開する博物館へと生まれ変わった．

てっぱく発 鉄道物語　　岩波ジュニア新書 998

2025年3月19日　第1刷発行

著　者　荒木文宏《あらきふみひろ》　奥原哲志《おくはらさとし》

発行者　坂本政謙

発行所　株式会社 岩波書店
〒101-8002 東京都千代田区一ツ橋 2-5-5
案内 03-5210-4000　営業部 03-5210-4111
ジュニア新書編集部 03-5210-4065
https://www.iwanami.co.jp/

印刷・理想社　カバー・精興社　製本・中永製本

ISBN 978-4-00-500998-5　Printed in Japan

岩波ジュニア新書の発足に際して

きみたち若い世代は人生の出発点に立っています。きみたちの未来は大きな可能性に満ち、陽春の日のようにひかり輝いています。勉学に体力づくりに、明るくはつらつとした日々を送っていることでしょう。

しかしながら、現代の社会は、また、さまざまな矛盾をはらんでいます。営々として築かれた人類の歴史のなかで、幾千億の先達《せんだつ》たちの英知と努力によって、未知が究明され、人類の進歩がもたらされ、大きく文化として蓄積されてきました。にもかかわらず現代は、核戦争による人類絶滅の危機、貧富の差をはじめとするさまざまな人間的不平等、社会と科学の発展が一方においてもたらした環境の破壊、エネルギーや食糧問題の不安等々、来るべき二十一世紀を前にして、解決を迫られているたくさんの大きな課題がひしめいています。現実の世界はきわめて厳しく、人類の平和と発展のためには、きみたちの新しい英知と真摯《しんし》な努力が切実に必要とされています。

きみたちの前途には、こうした人類の明日の運命が託されています。ですから、たとえば現在の学校で生じているささいな「学力」の差、あるいは家庭環境などによる条件の違いにとらわれて、自分の将来を見限ったりはしないでほしいと思います。個々人の能力とか才能は、いつどこで開花するか計り知れないものがありますし、努力と鍛練の積み重ねの上にこそ切り開かれるものですから、簡単に可能性を放棄したり、容易に「現実」と妥協したりすることのないようにと願っています。

わたしたちは、これから人生を歩むきみたちが、生きることのほんとうの意味を問い、大きく明日をひらくことを心から期待して、ここに新たに岩波ジュニア新書を創刊します。現実に立ち向かうために必要とする知性、豊かな感性と想像力を、きみたちが自らのなかに育てるのに役立ててもらえるよう、すぐれた執筆者による適切な話題を、豊富な写真や挿絵とともに書き下ろしで提供します。若い世代の良き話し相手として、このシリーズを注目してください。わたしたちもまた、きみたちの明日に刮目《かつもく》しています。(一九七九年六月)

949 **進化の謎をとく発生学**
―恐竜も鳥エンハンサーを使っていたか
田村宏治

進化しているのは形ではなく形作り。キーワードは、「エンハンサー」です。進化発生学をもとに、進化の謎に迫ります。

950 **漢字ハカセ、研究者になる**
笹原宏之

著名な「漢字博士」の著者が、当て字、国字、異体字など様々な漢字にまつわるエピソードを交えて語った、漢字研究者への成長記。

951 **作家たちの17歳**
千葉俊二

太宰も、賢治も、芥川も、漱石も、まだ「文豪」じゃなかった――十代のころ、彼らは何に悩み、何を決意していたのか?

952 **ひらめき! 英語迷言教室**
―ジョークのオチを考えよう
右田邦雄

ユーモアあふれる英語迷言やひねりのきいたジョークのオチを考えよう! 笑いながら英語力がアップする英語トレーニング。

953 **大絶滅は、また起きるのか?**
高橋瑞樹

生物たちの大絶滅が進行中? 過去五度あった大絶滅とは? 絶滅とはどういうことでなぜ問題なのか、様々な生物を例に解説。

954 **いま、この惑星で起きていること**
気象予報士の眼に映る世界
森さやか

世界各地で観測される異常気象を気象予報士の立場で解説し、今後を考察する。雑誌『世界』で大好評の連載をまとめた一冊。

955 世界の神話 躍動する女神たち
沖田瑞穂
強い、怖い、ただでは起きない、変わってる⁉ 世界の神話や昔話から、おしとやかなイメージをくつがえす女神たちを紹介！

956 16テーマで知る 鎌倉武士の生活
西田友広
鎌倉武士はどのような人々だったのでしょうか？ 食生活や服装、住居、武芸、恋愛など様々な視点からその姿を描きます。

957 〝正しい〟を疑え！
真山 仁
不安と不信が蔓延する社会において、自分を信じて自分らしく生きるためには何が必要なのか？ 人気作家による特別書下ろし。

958 津田梅子―女子教育を拓く
髙橋裕子
日本の女子教育の道を拓き、シスターフッドを体現した津田梅子の足跡を、最新の研究成果・豊富な資料をもとに解説する。

959 学び合い、発信する技術―アカデミックスキルの基礎
林 直亨
アカデミックスキルはすべての知的活動の基盤。対話、プレゼン、ライティング、リーディングの基礎をやさしく解説します。

960 読解力をきたえる英語名文30
行方昭夫
英語力の基本は「読む力」。先生と生徒の対話形式で、新聞コラムや小説など、とっておきの例文30題の読解と和訳に挑戦！

961 森鷗外、自分を探す　出口智之

文豪で偉い軍医の天才？　激動の時代の感覚に立って作品や資料を読み解けば、自分探しに悩む鷗外の姿が見えてくる。

962 巨大おけを絶やすな！　―日本の食文化を未来へつなぐ　竹内早希子

しょうゆ、みそ、酒を仕込む、巨大な木おけ。途絶えかけた大おけづくりをつなぎ、その輪を全国に広げた奇跡の奮闘記！

963 10代が考えるウクライナ戦争　岩波ジュニア新書編集部編

この戦争を若い世代はどう受け止めているのでしょうか。高校生達の率直な声を聞き、平和について共に考える一冊です。

964 ネット情報におぼれない学び方　梅澤貴典

新しい時代の学びに即した情報の探し方や使い方、更にはアウトプットの方法を図書館司書の立場からアドバイスします。

965 10代の悩みに効くマンガ、あります！　トミヤマユキコ

悩み多き10代を多種多様なマンガを通してお助けします。萎縮したこころとからだがふわっと軽くなること間違いなしの一冊。

966 新種発見物語　―足元から深海まで11人の研究者が行く！　島野智之編著　脇　司

虫、魚、貝、鳥、植物、菌など未知の生物の探究にワクワクしながら、分類学の基礎も楽しく身につく、濃厚な入門書。

973 ボクの故郷は戦場になった
―樺太の戦争、そしてウクライナへ
重延 浩
1945年8月、ソ連軍が侵攻を開始し、のどかで美しい島は戦場と化した。少年が見た戦争とはどのようなものだったのか。

974 源氏物語入門
高木和子
日本の古典の代表か、色好みの男の恋愛遍歴か。『源氏物語』って、一体何が面白いの？　千年生きる物語の魅力へようこそ。

975 「よく見る人」と「よく聴く人」
―共生のためのコミュニケーション手法
広瀬浩二郎
相良啓子
目が見えない研究者と耳が聞こえない研究者が、互いの違いを越えてわかり合うためコミュニケーションの可能性を考える。

976 平安のステキな！女性作家たち
川村裕子
早川圭子 絵
紫式部、清少納言、和泉式部、道綱母、孝標女。作品の執筆背景や作家同士の関係も解説。ハートを感じる！王朝文学入門書。

977 国連で働く
―世界を支える仕事
植木安弘 編著
平和構築や開発支援の活動に長く携わってきた10名が、自らの経験をたどりながら国連の仕事について語ります。

978 農はいのちをつなぐ
宇根 豊
生きものの「いのち」と私たちの「いのち」はつながっている。それを支える「農」とは何かを、いのちが集う田んぼで考える。

979 10代のうちに考えておきたいジェンダーの話　堀内かおる

10代が直面するジェンダーの問題を、未来に向けて具体例から考察。自分ゴトとして考えた先に、多様性を認め合う社会がある。

980 食べものから学ぶ現代社会―私たちを動かす資本主義のカラクリ　平賀　緑

食べものから、現代社会のグローバル化、巨大企業、金融化、技術革新を読み解く。『食べものから学ぶ世界史』第2弾。

981 原発事故、ひとりひとりの記憶―3・11から今に続くこと　吉田千亜

3・11以来、福島と東京を往復し、人々の声に耳を傾け、寄り添ってきた著者が、今に続く日々を生きる18人の道のりを伝える。

982 縄文時代を解き明かす―考古学の新たな挑戦　阿部芳郎 編著

人類学、動物学、植物学など異なる分野と力を合わせ、考古学は進化している。第一線の研究者たちが縄文時代の扉を開く！

983 翻訳に挑戦！　名作の英語にふれる　河島弘美

he や she を全部は訳さない？　この人物は「僕」か「おれ」か？　8つの名作文学で翻訳の最初の一歩を体験してみよう！

984 SDGsから考える世界の食料問題　小沼廣幸

アジアなどで長年、食料問題と向き合い、今も邁進する著者が、飢餓人口ゼロに向け、SDGsの視点から課題と解決策を提言。

985 迷いのない人生なんて
―名もなき人の歩んだ道
共同通信社編
共同通信の連載「迷い道」を書籍化。家族との葛藤、仕事の失敗、病気の苦悩…。市井の人々の様々な回り道の人生を描く。

986 ムクウェゲ医師、平和への闘い
―「女性にとって世界最悪の場所」と私たち
立山芽以子
華井和代
八木亜紀子
アフリカ・コンゴの悲劇が私たちのスマホに繋がっている？ ノーベル平和賞受賞医師の闘いと紛争鉱物問題を知り、考えよう。

987 フレーフレー！就活高校生
―高卒で働くことを考える
中島 隆
就職を希望する高校生たちが自分にあった職場を選んで働けるよう、いまの時代に高卒で働くことを様々な観点から考える。

988 野生生物は「やさしさ」だけで守れるか？
―命と向きあう現場から
朝日新聞取材チーム
多様な生物がいる豊かな自然環境を保つために、時にはつらい選択をすることも。悩みながら命と向きあう現場を取材する。

989 〈弱いロボット〉から考える
―人・社会・生きること
岡田美智男
弱さを補いあい、相手の強さを引き出す〈弱いロボット〉は、なぜ必要とされるのか。生きることや社会の在り方と共に考えます。

990 ゼロからの著作権
―学校・社会・SNSの情報ルール
宮武久佳
情報社会において誰もが知っておくべき著作権。基本的な考え方に加え、学校と社会でのルールの違いを丁寧に解説します。

991 データリテラシー入門 ―日本の課題を読み解くスキル　友原章典

地球環境や少子高齢化、女性の社会進出など社会の様々な課題を考えるためのデータ分析のスキルをわかりやすく解説します。

992 スポーツを支える仕事　元永知宏

スポーツ通訳、スポーツドクター、選手代理人、チーム広報など、様々な分野でスポーツを支えている仕事を紹介します。

993 おとぎ話はなぜ残酷でハッピーエンドなのか　ウェルズ恵子

異世界の恋人、「話すな」の掟、開けてはいけない部屋――現代に生き続けるおとぎ話は、私たちに何を語るのでしょう。

994 歴史的に考えること ―過去と対話し、未来をつくる　宇田川幸大

なぜ歴史的に考える力が必要なのか。近現代日本の歩みをたどって今との連関を検証し、よりよい未来をつくる意義を提起する。

995 ガチャコン電車血風録 ―地方ローカル鉄道再生の物語　土井　勉

地域の人々の「生活の足」を守るにはどうすればよいのか？　近江鉄道の事例をもとに地方ローカル鉄道の未来を考える。

996 自分ゴトとして考える難民問題 ―SDGs時代の向き合い方　日下部尚徳

「なぜ、自分の国に住めないの？」彼らが国を出た理由、キャンプでの生活等を丁寧に解説。自分ゴトにする方法が見えてくる。